中國學術思想 研究輯刊

三六編
林慶彰 主編

第5冊

龍起濤《毛詩補正》研究
林秉正 著

花木蘭文化事業有限公司

國家圖書館出版品預行編目資料

龍起濤《毛詩補正》研究／林秉正 著 -- 初版 -- 新北市：花
木蘭文化事業有限公司，2022〔民111〕
目 4+142 面；19×26 公分
（中國學術思想研究輯刊 三六編；第5冊）
ISBN 978-626-344-048-7（精裝）
1.CST：（清）龍起濤 2.CST：詩經 3.CST：學術思想
4.CST：研究考訂
030.8   111010188

ISBN-978-626-344-048-7

中國學術思想研究輯刊
三六編 第 五 冊   ISBN：978-626-344-048-7

龍起濤《毛詩補正》研究

作   者 林秉正
主   編 林慶彰
總 編 輯 杜潔祥
副總編輯 楊嘉樂
編輯主任 許郁翎
編   輯 張雅淋、潘玟靜、劉子瑄 美術編輯 陳逸婷
出   版 花木蘭文化事業有限公司
發 行 人 高小娟
聯絡地址 235 新北市中和區中安街七二號十三樓
        電話：02-2923-1455 ／傳真：02-2923-1452
網   址 http://www.huamulan.tw 信箱 service@huamulans.com
印   刷 普羅文化出版廣告事業
封面設計 劉開工作室
初   版 2022 年 9 月
定   價 三六編 30 冊（精裝）新台幣 83,000 元

龍起濤《毛詩補正》研究

林秉正　著

作者簡介

林秉正，1984 年生，新北市新店人。東海大學中國文學系碩士班畢業。

提　要

　　晚清龍起濤的《毛詩補正》主要以補正毛《詩》為著述旨趣，並於闡發《詩序》之義與補正毛《詩》舊注外，又能兼具文學審美，然而本書如何補正毛《詩》以及如何透過評點發掘《詩經》的文學藝術，是本文主要的探究軸心。

　　在研究進路上，本文以龍起濤及其《毛詩補正》作為研究對象，展開其人其書的全面研究，文分六章：

　　第一章　緒論：分為研究動機、研究範圍與研究方法、目前研究現況三小節。

　　第二章　龍起濤與《毛詩補正》：分為生平事略、《毛詩補正》一書論述、龍起濤對《詩經》問題的關注三小節。

　　第三章　《毛詩補正》的論詩觀點與特色：分為《毛詩補正》對三家《詩》的態度、闡明《詩序》、《毛詩補正》的論詩特色三小節。

　　第四章　《毛詩補正》的補正內容探討：分為補充毛《傳》、更正毛《詩》、訓解討論三小節。

　　第五章　《毛詩補正》之評語探討（上）：分為常用評語、評點字詞、評點章法三小節。

　　第六章　《毛詩補正》之評語探討（下）：分為評點修辭、評點精神、評語方式三小節。

　　結論：對龍起濤其人以及《毛詩補正》一書之探討，提出全文研究結論。

誌　謝

　　在論文撰寫的路上，首先得感謝我的父母，有了他們的全力支持，才得以無後顧之憂地完成學業。其次感謝呂珍玉老師，從論文選題到撰寫修改，在老師的細心指導下，才有此論文的生成。更感謝老師總是給我最大的空間，海量般地包容著我。與老師相處的這些日子，除了學習如何撰寫論文與解決問題，更重要的是老師待人處事的態度與勤學，著實讓我獲益良多！接著感謝陳文采與邱惠芬兩位老師，針對論文給予精闢的見解與觀點，以補此論文之不足，讓論文更加完善。

　　更要感謝好友逸培、立庭、建驊與陳鞾，你們的陪伴也是撰寫論文的動力。每當煩悶與倦怠時，和你們聊天散心、吃飯看電影，好繼續面對論文的挑戰！還要感謝好友立佳與佳蓉，在我一通電話之後，馬上規劃一趟高雄之旅。兩天的旅行，讓我的身心靈得到放鬆，精神飽滿而有元氣！也感謝你們一直以來包容我的任性與脾氣，有了你們這群朋友，人生的色彩更加鮮艷！最後則是最重要的奕心，感謝你在研究所時期，不論是課業還是論文撰寫上的協助，每每向你請教，你總是細心解說、不厭其煩。

　　在此也感謝花木蘭文化事業有限公司，碩士班畢業後忙於生活，今藉此機會再次檢視論文，增修內容。在查找資料的過程，彷彿回到過往，雖人事已非，但我對現在的生活心存感激。

民國一百零二年八月八日　林秉正序於新店

民國一百一拾一年四月廿七日　修訂

目

次

第一章 緒　論

第一節　研究動機

　　清代的學術研究，人致可分為三個階段〔註1〕：初期是經學的反動，反對心學與評點，提倡恢復傳統經學，中期為考據學的興起，清末則是今文經的復興。《毛詩補正》成書於光緒己亥二十五年（西元1899年），正是今文經復興時期，而今文經的復興，亦帶動宋學捲土重來，漢學為主的學術風氣不再，在如此豐富的研究環境下，《毛詩補正》的研究指標為何？而龍起濤如何補、如何正毛《詩》？是筆者關注的問題。又《續修四庫全書總目提要》批評此書「其釋物名，多出臆斷，援引未甚博」〔註2〕，此說是否客觀？值得筆者探討。

　　朱守亮《詩經評釋》將清朝《詩經》學者分為十一類，將《毛詩補正》納入第十類「識其旨歸，品評析論者」〔註3〕，知《毛詩補正》是一部多元的《詩經》研究著作，可見此書除了補正毛《詩》外，亦從文學品評的角度論析《詩

〔註1〕皮錫瑞言「國朝經學凡三變。國初，漢學方萌芽，皆以宋學為根柢，不分門戶，各取所長，是為漢、宋兼采之學。乾隆以後，許、鄭之學大明，治宋學者已熄。說經皆主實證，不空談義理。是為專門漢學。嘉、道以後，又由許、鄭之學導源而上，《易》宗虞氏以求孟義，《書》宗伏生、歐陽、夏侯，《詩》宗魯、齊、韓三家，《春秋》宗《公》、《穀》二傳。漢十四博士今文說，自魏、晉淪亡千餘年，至今日而復明。」見（清）皮錫瑞撰、（民國）周予同注釋：《經學歷史》（台北：漢京文化事業有限公司，1983年9月），頁341。
〔註2〕中國科學院圖書館整理：《續修四庫全書總目提要·經部》（北京：中華書局，1993年7月），頁411。
〔註3〕朱守亮：《詩經評釋》（台北：台灣學生書局，1984年10月），頁29。

經》的文學藝術。此書內容多元，卻不被世人注意，原因為何？又《續修四庫全書總目提要》無論及此書文學評點部分，原因為何？值得筆者探究。根據劉聲木《桐城文學淵源考》：「龍起濤師事王先謙」〔註4〕，可見兩人有師生關係。王先謙為清代經學大家，在湖南有其影響力，形成以王先謙為首的葵園學派，龍起濤既然是其門生，則龍起濤與桐城派或葵園弟子是否有所接觸？其交遊情況及是否有所屬的地方學派，亦是筆者所欲探究的問題。

第二節　研究範圍與研究方法

一、研究範圍

　　本論文以龍起濤其人及《毛詩補正》作為主要研究對象，以台灣力行書局 1970 年出版之《毛詩補正》為研究版本，針對研究動機所提為研究範圍，冀期有所發現。

二、研究方法

（一）文獻分析

　　文獻分析是尋求文獻材料，檢視文獻材料並客觀地分析、評鑑這些材料，主要是利用蒐集、鑑別、整理文獻，並對文獻加以進行研究，通常會從自己所要證明的課題和觀點出發，解釋和說明文獻的內容，其目的在於對資料的原始形式進行整理、分析、綜合，將之改變為研究者所需要的形式。筆者透過網路、圖書館，搜尋龍起濤或是《毛詩補正》的有關材料，將材料彙整，作為研究之主要基礎，並加以分析材料之性質和所呈現之意義。

（二）統整歸納

　　統整歸納，即以某特定研究為目標，蒐集並統整相關資料，經過仔細觀察，精確而合理的解釋，將資料予以系統化，推演出一條普遍結論或定律，形成原理。筆者運用統整歸納的方式，在閱讀《毛詩補正》後，將龍起濤的論詩觀點及評語內容加以統整，經過系統化的歸納，從而探析《毛詩補正》的撰寫特色。

〔註4〕劉聲木撰、徐天祥點校：《桐城文學淵源／撰述考》（合肥：黃山書社，1989年 12 月），頁 345。

（三）內容分類探討

內容分類探討是將資料內容整理歸類，將各項不同性質之資料分門別類做探究分析。本文針對《毛詩補正》中補正毛《詩》的方法與其評點《詩經》的內容加以分類，使論文得以順利進行。

（四）問題提出

問題提出即對相關資料提出質疑，檢討正面或反面之論點，從而傳達想法與意見。本論文針對《毛詩補正》的論詩觀點與補正方法，深入剖析檢討，在肯定該書價值之餘，亦提出其缺失與侷限，客觀呈現該書樣貌。

第三節　目前研究現況

目前所見關於龍起濤或《毛詩補正》的研究不多，僅見邱惠芬教授之國科會研究計畫〈龍起濤《毛詩補正》研究〉〔註5〕。邱教授此計畫研究範圍以龍起濤《毛詩補正》為主，主要考論者有四：一則考察龍起濤的治《詩》途徑與學術網絡，次則論述《毛詩補正》的解《詩》觀點立場與方法，再者歸納龍氏《毛詩補正》一書的特色及困境，最後相較同時期俞樾、王闓運、劉師培等人治《詩》的成果，以見《毛詩補正》的價值。

值得注意的是，龍起濤另一著作《天霞山館文存》僅見於中國大陸北京國家圖書館，邱教授曾遠赴北京國家圖書館古籍館抄寫此書內容大要，以求對龍起濤著作更為完整之考察，謹摘錄她抄寫內容如下：

> 卷一，五福六極解、天命之謂性解、原道後、河圖說、周子太極圖說、地道說、地道餘論。
> 卷二，人道說、原理、原氣上、原氣下、用逆說、元牝說、鼻說、家世說。
> 卷三，讀管子、讀老子、讀墨子、讀列子楊朱篇、周邊防甚疏論、周亡同於西晉由於不知徙戎論上、周亡同於西晉由於不知徙戎論下、周宣王論、東周論、孔子墮三都論、蘇秦論。
> 卷四，東方望溪原人後上、東方望溪原人後下、書姚姬傳答袁簡齋書後、書蘇穎濱為張安道論時事後、書王荊公讀孟嘗君傳後、書瀛環志略後、書顧亭林郡縣論後、書魏叔子封建論後。

〔註5〕研究內容見 http://irlib.cgust.edu.tw/handle/987654321/323。

卷五，王石丞古經疑言跋、題劉笏堂琴覓圖、擬柳子厚乞巧文、復盧陵王石丞觀察書、上郭侍郎、與陳伯嚴。

卷六，送胡筱筠大令歸田序、升送雲貴總督湘撫王夔石中丞六十壽序、貤封資政大夫呂南陔公七十壽序、家筠圃先生七十壽序、西洲記、高篁中公家傳、節母王太夫人傳贊。

本書前有壬辰翰林刑部員外郎王良弼撰〈天霞山館文鈔敘〉一文，詳述龍氏生平事蹟。內容重點有三：

第一，龍氏任官湖南常甯縣令時，擒賊緝匪，斷獄訟，輿情帖服，事功卓著；第二，龍氏稟受剛大之氣，練兵儲，籌設防局，開算學館，修建學校，實乃學究天人，才兼果達之筆；第三，龍氏公政尚清簡，治事之餘，輒披覽古籍以自鏡，所作皆明道，紀政事，察民隱，樂道人善之作，此較之一般士大夫之耽究古籍，坐以空言，更為人所敬重。〔註6〕

由於龍起濤的生平資料不多，僅見王先謙之〈誥授朝議大夫湖南常寧縣知縣龍君墓誌銘〉，今透過邱教授之整理，得見王良弼〈天霞山館文鈔敘〉之重點，以為龍起濤生平資料過少之補充。

　　邱教授的《毛詩補正》研究，針對《毛詩補正》的體例、解詩特色與困境提出批判，認為龍起濤解詩少有創見、過度重視《御纂詩義折中》，不能大破大立是其侷限與缺失。筆者認為邱教授之研究成果報告，重心放在龍起濤解詩特色與侷限，《毛詩補正》仍有許多論述、研究的空間，希望重新審視此書內容，開啟更多探討議題。

〔註6〕摘自 http://irlib.cgust.edu.tw/handle/987654321/323 網路資源。

第二章　龍起濤與《毛詩補正》

第一節　生平事略

一、生平簡介

　　龍起濤，字仿山，號禹門，先祖居江西吉水，後徙永新縣之蓮塘，自號永新龍氏。道光十二年壬辰（西元 1832 年）十月初三日出生，卒於光緒二十六年庚子（西元 1900 年）七月初七，得年六十九歲〔註1〕。同治十二年癸酉（西元 1873 年）中舉人，次年（西元 1874 年）中進士，即以知縣派任，先後任職辰谿、芷江、桑植、華容、常寧〔註2〕，光緒二十五年己亥（西元 1899年）入貲為知府，隔年庚子（西元 1900 年）卒於湖南省城。著有《毛詩補正》二十五卷、《天霞山館文存》六卷、《詩存》兩卷以及《制義文》一卷。擔任華容知縣期間，曾修纂《華容縣志》，另著有《南安紀錄》六卷。

二、家世背景

　　王先謙在〈誥授朝議大夫湖南常寧縣知縣龍君墓誌銘〉提到：

　　　四世祖況唐大理評事，二十一世祖仕安明鴻臚卿，……翁於君為太
　　　高祖、曾祖作檠，祖朝官，誥贈奉政大夫。〔註3〕

〔註1〕朱彭壽編著，朱鼇、宋苓珠整理：《清代人物大事紀年》（北京：北京圖書館
　　　　出版社，2005 年 2 月），頁 1681。
〔註2〕辰谿、芷江、桑植、華容與常寧，皆為湖南省境內城市。
〔註3〕閔爾昌編：《碑傳集補》第二冊，收錄於周駿富輯：《清代傳記叢刊》（台北：
　　　　明文書局，1986 年），第 121 冊，頁 606。

可知龍起濤先人有擔任大理評事，有為官至鴻臚卿者，祖父亦曾在朝為官，
誥贈奉政大夫，但墓誌銘中亦有「家貧」、「典裘為食」與「積貲贖裘」等語
〔註4〕，可知龍家到了龍起濤父親龍光閣時，家道已大不如前。

龍光閣，字紫台，王先謙以孝子稱之，為其撰寫〈龍孝子傳〉〔註5〕，文
中提到：

> 孝子幼喪母，盡禮如成人。家貧服賈養父，父晚病痿痺，孝子夜必
> 數起負以洩，祁寒不懈。父沒，言未嘗不泣，鄉里宴集有述其父事
> 者，孝子輒鳴咽流涕。〔註6〕

可見龍光閣侍奉雙親，極其用心。龍光閣於咸豐八年戊午（西元1858年）逝
世，得年八十一歲。龍光閣有五男，龍起濤最幼。龍起濤其他兄弟，可考者有
龍起江、龍起瀾兩位〔註7〕，不過文獻上記載不多，僅知同治七年戊辰（西元
1868年），龍起江考中府貢，後考中歲貢〔註8〕。龍起濤妻李氏，繼娶賀氏，
共有八子，男女各半。子四人：國樾、國棠、國楚與國柟，前兩者俱先卒，國
楚後為知縣，而國柟則為湖南候補布庫大使。孫十人：孫男承爔、承誥、承
煒、承煦，孫女六人〔註9〕。

王先謙為龍起濤作的墓誌銘中，記載龍起濤「生有至性，少長沉默寡言
笑。孝子遘危疾，君私禱於神，祈促益齡親算」〔註10〕，又「少從伯兄學，
兄陷疑獄，君傾數百金營救得解，然其時不名一錢」〔註11〕，在在顯見龍起
濤對父親的孝心與對兄長的友愛。龍起濤性嗜學，墓誌銘中記載：

> 咸豐丙辰（西元1856年）粵寇陷縣城，君走避親友家，輒觀書或迂

〔註4〕墓誌銘記載：「家貧，志學益堅，常攜一裘就讀府城白鷺書院。初至，典裘為
食，試高等，積貲贖裘，餘以購書。」見閔爾昌編：《碑傳集補》第二冊，收
錄於周駿富輯：《清代傳記叢刊》第121冊，頁606。

〔註5〕王先謙：〈龍孝子傳〉，《虛受堂文集》（台北：文華出版公司，1966年8月）。

〔註6〕王先謙：〈龍孝子傳〉，《虛受堂文集》，頁316～317。

〔註7〕王先謙：〈龍孝子傳〉，《虛受堂文集》，頁317。

〔註8〕（清）蕭玉春修、李煒纂：《永新縣志》第四冊，收錄於《中國方志叢書·華
中地方》第254號（台北：成文出版社，1989年），頁981。

〔註9〕閔爾昌編：《碑傳集補》第二冊，收錄於周駿富輯：《清代傳記叢刊》第121
冊，頁608。

〔註10〕閔爾昌編：《碑傳集補》第二冊，收錄於周駿富輯：《清代傳記叢刊》第121
冊，頁606。

〔註11〕閔爾昌編：《碑傳集補》第二冊，收錄於周駿富輯：《清代傳記叢刊》第121
冊，頁608。

笑之。君曰：吾無書則兩目無所注，非自苦也。〔註12〕

正所謂「一日不讀書，便覺面目可憎」，對龍起濤來說，讀書不只是為了考試，更不是生財的手段，而是學問的展現，如墓誌銘提到「顯仕後……或與言治生，蹙眉不答。相質以詩文經史，則講論忘疲，其耆學蓋出天性」〔註13〕，可見一斑。

三、為官政績

龍起濤在擔任辰谿知縣時，捕奸徒、禽盜寇、鹽梟，並解散徒黨，人謂例得獎，盍上陳？龍起濤曰：「殺人以徼功，吾弗安也！」〔註14〕可見他作為地方知縣，做應該做的事情，做對百姓有益的事情，以擒盜寇、鹽梟為父母官本份之事，不因此邀功討賞。光緒八年（西元1882年）始任華容知縣，任內頻有淹水災情，龍起濤在《華容縣志・序》中提到：

> 竊謂華容三變，其初本雲夢地，三苗聚以為窟，漢為孱陵，與五溪蠻近，凡官於是邦與是邦之人物，漢以前皆無考，此一華容也。自晉杜預開楊口，起夏水汭明塞江北口，於是沱江中貫，重有水患，隄工告急，蓋苦於是役者，數百年而未已，此又一華容也。洎咸豐三年，藕池口決，川水入境，於是邑西北鄉又有水患。然江水一石，其泥數斗，地勢日淤日高，民藉以築埦圍田，稍沾其利。藕池既潰，調絃一口，水勢遂小，搶險保固，視前差逸，此今之華容也。〔註15〕

龍起濤探究華容三變，瞭解華容地區的歷史與潰堤原因，卻也道盡華容地區百姓與水共生的困境，於是他在任職期間，特別重視堤防的建設與河道的疏通。墓誌銘記載：

> 官歲巡視，民輸千金襲為例，君卻之更助以賫工。用堅完俗，爭淤

〔註12〕閔爾昌編：《碑傳集補》第二冊，收錄於周駿富輯：《清代傳記叢刊》第121冊，頁606～607。

〔註13〕閔爾昌編：《碑傳集補》第二冊，收錄於周駿富輯：《清代傳記叢刊》第121冊，頁608。

〔註14〕閔爾昌編：《碑傳集補》第二冊，收錄於周駿富輯：《清代傳記叢刊》第121冊，頁607。

〔註15〕（清）孫炳煜等修，張釗纂：《華容縣志》，收錄於《中國方志叢書・華中地方》第303號（台北：成文出版社，1989年），頁5。

田利……龍開河導積潦，涸田數萬畝，澧水出。〔註16〕

可見龍起濤重視基層建設的用心，且在巡視堤防建設工程時，發現百姓過去習慣私下出資，於是將費用退回，並拿出費用來幫助建設，將堤防建造更加堅固，也改變了民輸千金的習俗。除了水患問題的解決，龍起濤更舉充書院、解決育嬰堂財政的問題〔註17〕，實在是位勤政愛民的官員。

在桑植知縣時期，茅巖山崩，導致水塞不流，影響商業買賣，於是龍起濤碎石開道，行旅稱便；又勸人捐田租千石，供給費用給學官、庠序〔註18〕。王先謙稱龍起濤「循事制宜，高行若性，不以競名，涵惠彌襟，不以馳威。所至，士服其教，民安其生」〔註19〕，短短數語便道盡龍起濤之為人，難怪在桑植與華容會有生祠以紀念龍起濤〔註20〕，其受百姓愛戴程度可見。王先謙稱讚龍起濤「澹榮利」〔註21〕、「天懷皓潔，表裏洞徹，服官三十年，於世俗婭婀軟媚氣習，一無擩染」〔註22〕，即是對龍起濤為人處事做了最好的註解。

四、師承與交遊

龍起濤的受業老師，根據〈龍孝子傳〉記載為李某〔註23〕，名不詳，龍

〔註16〕閔爾昌編：《碑傳集補》第二冊，收錄於周駿富輯：《清代傳記叢刊》第 121 冊，頁 607。

〔註17〕閔爾昌編：《碑傳集補》第二冊，收錄於周駿富輯：《清代傳記叢刊》第 121 冊，頁 607。

〔註18〕閔爾昌編：《碑傳集補》第二冊，收錄於周駿富輯：《清代傳記叢刊》第 121 冊，頁 607。

〔註19〕閔爾昌編：《碑傳集補》第二冊，收錄於周駿富輯：《清代傳記叢刊》第 121 冊，頁 607。

〔註20〕閔爾昌編：《碑傳集補》第二冊，收錄於周駿富輯：《清代傳記叢刊》第 121 冊，頁 607。

〔註21〕閔爾昌編：《碑傳集補》第二冊，收錄於周駿富輯：《清代傳記叢刊》第 121 冊，頁 607。

〔註22〕閔爾昌編：《碑傳集補》第二冊，收錄於周駿富輯：《清代傳記叢刊》第 121 冊，頁 609。

〔註23〕〈龍孝子傳〉記載「初孝子父寢疾，命孝子曰：『吾數十年溺苦於學，終以困躓，命也！我死，汝當勗諸子繼志事。李某者吾所敬，宜往師之。』及詣，李已館他所。孝子大慟，李驚問故，孝子曰：『念先人遺命，是以慟耳！』李為憮然。孝子卒，教諸子起江、起瀾，籍府縣學起濤成進士。」見王先謙：〈龍孝子傳〉，《虛受堂文集》，頁 317。

家似乎都是從李某學習；而從《桐城文學淵源考》又見到龍起濤師事王先謙〔註 24〕，但龍起濤生於西元 1832 年，比王先謙（生於西元 1842 年）還大十歲，年長者向年少者學習，似乎有些不合常理？據王先謙在〈誥授朝議大夫湖南常寧縣知縣龍君墓誌銘〉〔註 25〕與〈龍孝子傳〉〔註 26〕皆言「君（起濤）會試出余房（門）」，是以載籍所見龍起濤師事王先謙，或是根據科舉考試時，考官與考生的關係為說。

王先謙亦與龍起濤一見相得甚，歸里以來，過從遂密〔註 27〕，知兩人關係亦師亦友。龍起濤為官三十年，皆不出湖南省，更可想見龍起濤與王先謙的友好關係。因龍起濤相關資料在文籍中並不多見，能確定與龍起濤友好者，僅王先謙一人。另陸承宗〔註 28〕、夏壽田〔註 29〕兩人，則是編修龍起濤著作〔註 30〕，因未見文獻紀載，筆者無從描述他們和龍起濤之間的關係。

《毛詩補正》一書多徵引賀貽孫《詩觸》與尹繼美《詩管見》的觀點，於此可見兩人對龍起濤有一定的影響。賀貽孫為復社成員，復社以「復興古學」為號召，取法唐宋、崇尚醇雅的古文意識於清初流行，雖然復社最後於順治九年（西元 1652 年）被迫解散，但其古文觀念著實影響後來的桐城派，桐城派便順時而起。而尹繼美則「頗知古文義法，亦私淑桐城派者。」〔註 31〕由文獻材料來看，筆者認為賀貽孫與尹繼美除了《詩經》，在古文的觀點上，也對龍起濤有一定程度的影響。又王先謙與龍起濤一見如故並為其撰寫墓誌銘，所以筆者認為兩人應該有私交與聯繫，但因文獻闕如，無法進一

〔註 24〕劉聲木撰、徐天祥點校：《桐城文學淵源／撰述考》，頁 345。

〔註 25〕閔爾昌編：《碑傳集補》第二冊，收錄於周駿富輯：《清代傳記叢刊》第 121 冊，頁 609。

〔註 26〕王先謙：〈龍孝子傳〉，《虛受堂文集》，頁 318。

〔註 27〕閔爾昌編：《碑傳集補》第二冊，收錄於周駿富輯：《清代傳記叢刊》第 121 冊，頁 609。

〔註 28〕陸承宗，字松之，湖南長沙人，未散館。見朱汝珍撰：《詞林輯略》卷九，收錄於周駿富輯：《清代傳記叢刊》（台北：明文書局，1986 年），第 16 冊，頁 506。

〔註 29〕夏壽田，字午詒，湖南貴陽人，授編修。見朱汝珍撰，《詞林輯略》卷九，收錄於周駿富輯：《清代傳記叢刊》第 16 冊，頁 530。

〔註 30〕閔爾昌編：《碑傳集補》第二冊，收錄於周駿富輯：《清代傳記叢刊》第 121 冊，頁 609。

〔註 31〕劉聲木撰、徐天祥點校：《桐城文學淵源／撰述考》，頁 340。

步探究。另外筆者也認為龍起濤可能受到桐城派古文的影響，而他和王先謙友好，也可能和葵園弟子有往來，但這些推論都因文獻材料闕如，無法做進一步探究。

第二節 《毛詩補正》一書論述

《毛詩補正》共三冊，第一冊為周南至秦風，第二冊為陳風至豳風與小雅，第三冊則為大雅、周頌、魯頌與商頌。《毛詩補正》對《詩經》三百零五篇全面補正，可見龍起濤對《詩經》的重視，以下將論述《毛詩補正》之版本、著書目的及全書體例。

一、版本

《毛詩補正》現藏於臺灣與中國大陸等地區，筆者就兩岸所見之《毛詩補正》做一整理：

1.《毛詩補正》（台北：大通書局，1970 年）

2.《毛詩補正》（台北：力行書局，1970 年）

3.《四庫未收輯刊》第 8 輯第一冊（北京：北京出版社，2000 年）

以上版本均依據光緒己亥二十五年（西元 1899 年）刻鵠軒刊本印刷（無標點），未見其它不同的版本，僅發行書局不同。

二、著書目的

根據《毛詩補正・自序》：「欲掃除一切，推求原本，以存此經真面目。」〔註32〕又曰：「朱子所斥為淫詩者，胥援古義以復之，而此經仍煥然可觀矣」〔註33〕，知龍起濤著書目的為推求《詩經》原本，以存《詩經》之真面目，以及斥朱熹淫詩說。〈自序〉亦云：「服官湘中，公餘始取是編，重加研究」〔註34〕，由此可知《毛詩補正》是他在湖南任官時，利用公餘之暇，將以前的舊作加以研究，可見他在忙於公事外，不忘治學，以及有意完成《毛詩補正》一書之堅定信念。

〔註32〕龍起濤：《毛詩補正》（台北：力行書局，1970 年），頁 2。
〔註33〕龍起濤：《毛詩補正》，頁 4。
〔註34〕龍起濤：《毛詩補正》，頁 2。

三、全書體例

（一）重視《詩譜》

《毛詩補正·凡例》：「《鄭譜》雖存，朱子以其語拙易之，今仍錄冠卷端而附論於其後」〔註35〕，因此《毛詩補正》在風、雅、頌等卷之開端，先引錄《詩譜》，介紹詩之歷史、地理、民情風俗，然後龍起濤再提出自己的論點。

（二）案語釋義

《毛詩補正·凡例》：「或己有所見加案字別之」〔註36〕，知龍起濤若有自己的看法，則以案字與他說作區隔，避免混淆。例如〈周南·螽斯〉，《詩序》：「后妃子孫眾多也。言螽斯不妒忌，子孫眾多也。」朱熹《詩集傳》：「后妃不妒忌而子孫眾多也，故眾妾以螽斯比之。」《毛詩補正》案：「此為祈子之樂歌」〔註37〕，可知龍起濤以此詩為祈子之詩，而祈子自然希望子孫眾多，又與詩文「子孫繩繩」，言子孫不絕相合，於《詩序》與《詩集傳》之外，另提出不同於兩書的見解。

又如〈召南·騶虞〉，龍起濤談騶虞一詞：

> 案：毛稱騶虞義獸，其名不見《爾雅》，後人疑之，三家《詩》亦異。《魯詩傳》曰：「古有梁騶，梁騶者，天子之田也。」許叔重《五經異義》載《韓》、《魯》說云：「騶虞，天子掌鳥獸官。」賈誼《新書》禮篇引《詩·騶虞》云：「騶者，天子之囿也。虞者，囿之司獸者也。」歐陽氏本賈說，謂「騶，囿之虞官，翼五豕以待君之射」，且謂「毛《詩》未出之前，未有以騶虞為獸名者。」今考古書言騶虞者四，皆在毛《詩》未出以前。一見《山海經》，一見《六韜》「紂囚文王羑里，散宜生得騶虞獻之」，一見《周書·王會》，一見《尚書·大傳》，〈大傳〉亦散宜生事，然皆毛以前也。蓋古必有是獸，而後囿名、官名緣之而起，既有此詩，後世又因之以為樂名、射義，天子以騶虞為節是也。〔註38〕

龍起濤說毛稱騶虞為義獸，但其名不見於《爾雅》，於是後人開始懷疑毛《傳》的說法。首先羅列魯《詩》、韓《詩》：「騶虞，天子掌鳥獸官」，後引賈誼、歐

〔註35〕龍起濤：《毛詩補正》，頁13。
〔註36〕龍起濤：《毛詩補正》，頁11。
〔註37〕龍起濤：《毛詩補正》，頁57。
〔註38〕龍起濤：《毛詩補正》，頁131～132。

陽修對騶虞的看法，認為毛《詩》未出之前，古書言騶虞者有四，最後得到
「蓋古必有是獸，而後囿名、官名緣之而起，既有此詩，後世又因之以為樂
名、射義，天子以騶虞為節是也。」龍起濤詳補他人對騶虞之解後，論〈騶
虞〉：

> 案：此詩以〈麟趾〉觀，自當以騶虞為瑞獸，而以本詩觀，則以騶
> 為囿，以虞為官，尤與葭蓬犯豵相應。〔註39〕

龍起濤由前人論騶虞一詞，知可為獸名也可為官名，再論〈騶虞〉一詩，認為
若是由〈麟趾〉的觀點來看，則騶虞可以是瑞獸，即毛《傳》之義獸；若是單
從詩意來看，則騶虞是「以騶為囿，以虞為官，尤與葭蓬犯豵相應」，同時兼
顧詩意與訓詁。

（三）比觀前注

《毛詩補正・凡例》：

> 今既錄古《序》於首，並節錄朱《傳》，使學者比而觀之，得失自見。
>
> 其出乎兩家之外者，並收兼采，加以抉擇，亦問下己意。〔註40〕

龍起濤的作法是先錄代表漢學派的《詩序》，然後再錄宋學派朱熹《詩集傳》
之見，讓學者得以觀覽比較，考察其得失；在此兩家之外，若有其他注解可
取，亦兼收並採，最後再提出自己的意見。例如〈周南・卷耳〉，《詩序》言
「后妃之志也。又當輔佐君子，求賢審官。知臣下之勤勞，內有進賢之志，而
無險詖私謁之心，朝夕思念，志於憂勤也。」朱熹《詩集傳》：「后妃以君子不
在而思念之，故作此詩。」龍起濤補「歐陽子謂求賢審官非后妃事」〔註41〕，
引歐陽修《詩本義》來正《詩序》后妃求賢審官之無稽；然而龍起濤雖補歐說
以正《詩序》，但又曰：「愚謂無其事而有其心，故云后妃之志」〔註42〕，仍
設法為《詩序》解套，在具體實踐過程中，和他所揭示「掃除一切，推求原
本」，仍有一段距離，更加凸顯《毛詩補正》對毛《詩》地位的維護。

又如〈王風・君子于役〉，《詩序》言「刺平王也。君子行役無期度，大夫
思其危難以風焉。」朱《傳》：「大夫久役於外，其室家思而賦之。」龍起濤
案：

〔註39〕龍起濤：《毛詩補正》，頁 132。
〔註40〕龍起濤：《毛詩補正》，頁 12。
〔註41〕龍起濤：《毛詩補正》，頁 48。
〔註42〕龍起濤：《毛詩補正》，頁 48～49。

　　孔《疏》謂在家之大夫，思僚友在外之危難。朱子改為室家思念之

　　詩，然大夫行役，至於不知其期，其為刺平王則一也。此詩似室家

　　聲口，或僚友代為之辭也。〔註43〕

《詩序》說〈君子于役〉之作者為大夫，朱熹《詩集傳》卻說作者乃征夫之室
家，比觀兩家說法差異之後，龍起濤再引孔穎達《毛詩正義》「在家之大夫，
思僚友在外之危難」，對照兩家之說，顯示他對前注一定程度的尊重，設法為
其說詞加以解說。在〈君子于役〉第一章後，龍起濤案：

　　平王之時，于役無期，莫如戍申一事。今日戍申，明日戍甫，又明

　　日戍許，轉徙無常，故曰曷至。味其詞旨，〈揚之水〉乃軍士之言，

　　此篇乃室家之言也。〔註44〕

龍起濤在案語列舉和〈君子于役〉同時期的征戍詩〈揚之水〉，吟詠玩味兩詩
敘述語氣，將兩詩加以對照，說〈揚之水〉為軍士之言，而〈君子于役〉為室
家之言，提出個人讀詩之體會。在這裡他認同朱熹室家思夫之說，對《詩序》
說是大夫所作以諷平王、孔穎達《毛詩正義》所說大夫思僚友在外為難所作，
起到了更好的補正作用。

（四）補正舊注

　　《毛詩補正‧自序》：「舊註（筆者案：舊註乃指毛亨注解。）簡者補之，
悞者正之」〔註45〕，可知此書以補正毛《傳》為主，對於毛亨注解過於簡略
者加以補充、錯誤者訂正之。補之者如〈周南‧關雎〉第三章「左右采之」，
毛《傳》於「采之」未加注解，龍起濤引朱《傳》：「采，取也」〔註46〕，為其
補充。正之者如〈周南‧葛覃〉第二章「維葉莫莫」，毛《傳》：「莫莫，成就
之貌。」龍起濤以朱《傳》「莫莫，茂密貌」，更正毛《傳》之誤〔註47〕。又
《毛詩補正‧凡例》：

　　其《箋》、《疏》未及者，用朱《傳》補之，朱《傳》未當者，採他

　　說補之，務有根據，不拘一家。〔註48〕

由此可見龍起濤著書態度，要先博覽漢、宋之作，態度客觀，不預設立場，一

〔註43〕龍起濤：《毛詩補正》，頁 326。

〔註44〕龍起濤：《毛詩補正》，頁 327。

〔註45〕龍起濤：《毛詩補正》，頁 3。

〔註46〕龍起濤：《毛詩補正》，頁 40。

〔註47〕龍起濤：《毛詩補正》，頁 45。

〔註48〕龍起濤：《毛詩補正》，頁 12。

切以證據為依歸。比觀前注後，博觀約取，截長補短，期望為毛《詩》加以補正。

（五）篇末發明詩旨

《毛詩補正・自序》：「末復總發一篇大旨，必審其世與人以出之，而以詩評發其趣。」〔註49〕可知龍起濤重視闡發詩旨外，論詩必審世知人，而後以詩評發揚詩趣，如「〈羔羊〉之為美召公也，〈野有死麕〉之為見賢不以道也，〈北門〉、〈北風〉之為憂狄人。」〔註50〕又《毛詩補正・凡例》：「篇末發明大旨，多案時勢以立言，與史傳相貫通，一掃經生家迂談，以為論世知人之助。」〔註51〕龍起濤論詩「多案時勢以立言，與史傳相貫通」，是特色也是此書體例。如〈周南・螽斯〉，《詩序》言「后妃子孫眾多也。言若螽斯不妒忌，子孫眾多也。」龍起濤案：「此為祈子之樂歌」〔註52〕，看似與《詩序》不同，但實際則緊扣「不妒忌」、「子孫眾多」之義，其在篇末曰：

> 自三代以來，周之子孫獨多，以其建國眾而享天下久也。其聚族而居則蟄蟄也，其傳世不絕則繩繩也。子孫多則賢才亦多，其振振而起者不特武周，為聖天子、為賢宰相，即流至春秋戰國，若管仲、若商鞅，所稱一代奇才，要皆周之子孫也。魏晉以降爭尚門第，以源流考之，周之子孫十得七八，然則太姒當日和好眾妾，使若螽斯然？詵詵然而眾多，薨薨然而魚貫，揖揖然而燕處。〔註53〕

龍起濤雖認為〈螽斯〉乃祈子之樂歌，但於篇末論詩，仍緊扣《詩序》「螽斯不妒忌」之意，好比螽斯詵詵然而眾多，薨薨然而魚貫，揖揖然而燕處，皆是因為不妒忌，就像太姒與眾妾和好，周之子孫才能繩繩不絕；然至魏晉以降，卻競相爭鬥，不見〈螽斯〉之和樂，可見他是肯定〈螽斯〉之和諧精神。魏晉爭尚門第，已喪失周人家族團結和樂的精神，此其就時勢有感而發明詩旨例。

又如〈邶風・北門〉，《詩序》言「刺仕不得志也。言衛之忠臣，不得其志爾。」龍起濤曰：

> 狄將侵衛，北門之大夫憂之曰「出自北門」，必有所感而言。黎在衛

〔註49〕龍起濤：《毛詩補正》，頁3。
〔註50〕龍起濤：《毛詩補正》，頁3。
〔註51〕龍起濤：《毛詩補正》，頁13。
〔註52〕龍起濤：《毛詩補正》，頁57。
〔註53〕龍起濤：《毛詩補正》，頁58～59。

北，則其所憂心者可知矣。〔註54〕……大夫掌北門之管，憂狄人之
破黎而遂及衛也。夫黎在衛之西北，而衛又在王之東北，狄破黎而
衛之至矣！狄滅衛而王城震恐矣，故衛事亦王事也。〔註55〕

《詩序》言〈北門〉：「刺不得志」，龍起濤從詩中「憂」字加以發明，說大夫
有感國事而嘆，將憂心之情放大至衛國動盪，大夫憂狄人之破黎而遂及衛也。
他將詩意的闡釋，延伸至論世知人之助，對經生家迂腐之論談，不以為然。

（六）附論

《毛詩補正・凡例》：

篇中附錄或明考據或申義理，如「涇以渭濁」句，得純皇帝之說，
而從前之訛始正。〈關雎〉憂樂解，得《詩管見》合三篇為一闋之說，
而其義始明。如斯之類，或附篇內、或附篇末不拘。〔註56〕

《毛詩補正》一書有附論47條，多釋物名，亦有申義理等。如〈邶風・靜女〉
「附城隅考」：

《考工記・匠人》云：「王宮門阿之制五雉，宮隅之制七雉，城隅之
制九雉，三者城隅為最高。」鄭注《考工》云：「宮隅、城隅謂角浮
思也。雉長三丈、高一丈。」賈疏：「浮思，小樓也。」〔註57〕

城隅毛亨雖有作注，但毛亨言「城隅以言高不可踰」，非注解城隅，乃在解釋
詩意。《毛詩補正》以附論考城隅，補《考工記》鄭注，知城隅乃角浮思，而
賈疏之說，知角浮思即城上之角樓，以補毛注之不足。

第三節　龍起濤對《詩經》問題的關注

《詩經》為我國最早的文學總集，保留珍貴豐富的文獻，提供先秦歷史、
社會、文化、語言、文學等，多方面的價值。由於時代距今久遠，因而歷來研
究學者眾多，不論時代、個人之研究，都以一種百花齊放的姿態前進，形成
豐富的《詩經》研究學術。面對既龐大又紛紜的《詩經》學術論爭，即便至今
仍有許多問題懸而未決；這些懸而未決的問題，甚至包括最基本的體制、內

〔註54〕龍起濤：《毛詩補正》，頁204。
〔註55〕龍起濤：《毛詩補正》，頁206。
〔註56〕龍起濤：《毛詩補正》，頁13。
〔註57〕龍起濤：《毛詩補正》，頁212。

容。龍起濤就國風次序、采詩之說以及南、豳、雅、頌等，歷來熱烈討論的問題，在書中也有一番論述。

一、風之次序

目前所見國風的次序有二，分別為季札觀樂的次序與毛《詩》之次序。《左傳》襄公二十九年記載吳國公子季札至魯觀樂，於是樂工為他歌唱周南、召南、邶、鄘、衛、王、鄭、齊、豳、秦、魏、唐、陳、檜、曹。季札觀樂次序與現存毛《詩》不同之處，在於毛《詩》次序中，邶、鄘、衛三國分開，與季札觀樂時三國為一組不同；其次，毛《詩》國風排序中，秦在唐之後，而豳則居十五國之末，毛《詩》編次異於季札觀樂之次，自然引發後人爭論《詩經》編排問題。龍起濤對此亦加關注，他在《毛詩補正·國風總論》中引尹湜軒（筆者案：尹繼美。）的看法：

> 欲求國風次序之說，即當以魯樂舊部次序為定。風俗為地氣所囿，故以地為別二南，南土之風也。邶、鄘、衛，北土之風也。王、鄭，中土之風也。齊，東土之風也。豳、秦，西土之風也。南、北、中、東、西，天下之大界，亦土風之大綱也。唐、魏介於西北，陳介於東南而近於鄭，檜雖為鄭所滅，其詩不可不存。曹則介於東北，故皆附於後焉。〔註58〕

龍起濤徵引尹繼美論國風次序之說，並言尹氏以輿地分次序，然龍起濤認為談十五國之次序，若按輿地為序，則當以鄭玄《詩譜》為正。龍起濤言：

> 愚謂尹氏以輿地分次序，略仿《古微》，然退豳、秦於後，必經聖人手定，非必秦火使然，蓋以豳配南、抑秦於晉，此亦聖人正樂一端也。至二南未必盡南土之風，邶、鄘、衛乃王城之北，非天下之北。介東南者不獨陳，介東北者不獨曹，何以獨取二國？欲求其正，莫如鄭氏《詩譜》先檜於鄭、殿王於豳為宜，疑古本如此。〔註59〕

龍起濤以為談十五國次序，除了參考輿地外，更不能忽略時勢。他對十五國之次序提出看法：

> 若依今《詩》次序，當就前說（筆者案：尹氏輿地分次序。）略改之曰：二南化起歧豐，被於江、漢，西土及南土之風也。二南之後，

〔註58〕龍起濤：《毛詩補正》，頁16～17。
〔註59〕龍起濤：《毛詩補正》，頁17。

先邶、鄘、衛者，先朝舊部也。洛邑者，天下之中，王城在焉，中土之風也。鄭始封在畿內故附之，然則邶、鄘、衛、王、鄭皆中土之風也。由中而東，東方之國齊為大，泱泱大風正東音也，故又次之。自東而北則魏、唐之境在焉。魏在冀州，唐今大原至晉時，奄有河西、河內、河外之地，及今直隸、順德、大名、廣平、保定諸府，北土之風也。諸夏之風畢矣，轉而錄秦何也？秦有周舊禮義之風變為武勇，二南猶雜以南音，此則純乎西音矣！《書》錄〈秦誓〉詩，紀秦風有微意焉。自西南而中，而東、而北、而正西，天下大勢盡之矣！正聲起於二南，變風終於陳靈，《詩》亡而《春秋》作之關也，故又次之。末復繫以檜、曹者，檜亡東周之始，曹亡春秋之終，檜傷無王，曹傷無伯，此二國者世運之大界限也！豳不便繼二南，亦不便繼王，故為十五國之殿焉。〔註60〕

龍起濤以鄭玄《詩譜》意見略改尹滋軒輿地之說，並以地域興衰為原則，綜合論之，他排出的次序是——二南、邶、鄘、衛、王、鄭、齊、魏、唐、秦、陳、檜、曹、豳，即為毛《詩》之次序。龍起濤綜合前人之說，以各國地域和興衰原則，為毛《詩》國風排序作出說明，筆者認為此說不失為一個合理且可接受的說法。

二、采詩之說

　　有關采詩的記載，見《漢書‧藝文志》：「古有采詩之官，王者所以觀風俗，知得失，自考正也」〔註61〕，知漢代已有采詩的說法，認為古有采詩之官，至各地蒐集詩歌，讓在上位者得以知各地風俗與得失。漢代亦有樂官之職，行采詩行為，如《漢書‧禮樂志》記載：「乃立樂府，采詩夜誦，有趙、代、秦、楚之謳」〔註62〕，可見漢代有樂官采詩之實。何休注《公羊傳》亦有采詩看法，但與《漢書》說法不同。《公羊傳‧宣公十五年》：

男女有所怨恨，相從而歌，飢者歌其食，勞者歌其事。男年六十、女年五十無子者，官衣食之，使之民間求詩。鄉移於邑，邑移於國，

〔註60〕 龍起濤：《毛詩補正》，頁 17～19。
〔註61〕 （漢）班固撰、（唐）顏師古注：《漢書》，收錄於楊家駱主編：《新校本漢書集注並附編二種》（台北：鼎文書局，1991 年 9 月），第二冊，頁 1708。
〔註62〕 （漢）班固撰、（唐）顏師古注：《漢書》，收錄於楊家駱主編：《新校本漢書集注並附編二種》第二冊，頁 1045。

國以聞於天子。故王者不出牖戶，盡知天下所苦。〔註63〕

何休認為並非真有采詩之官，而是由民間自行采詩上獻天子。雖然班固與何休對於是否有采詩之官持不同意見，但對采詩的行為是肯定的，可見采詩之說，自漢代便已形成。到了唐代，孔穎達在《毛詩正義·周南召南譜》言：「巡守陳詩者，觀其國之風俗，故采取詩以為黜陟之漸」〔註64〕，可見孔穎達認同采詩之說，亦知到了唐代，采詩之說仍盛。

以上有關采詩的記載都見於漢以後的典籍，可以說明或許《詩經》時代尚無采詩之制，但不能說當時沒有采詩的行為。張西堂在〈詩經的編訂〉有深入的探討，他說：

> ……我們從孔子的言論中來看，《論語》中一則曰「詩三百」，再則曰「誦詩三百」，這些話並不是刪《詩》以後的話（詳見朱彝尊《詩論》，方玉潤《詩經原始》。），可見在孔子之時，詩的搜集已有成數，那當然一定有搜集的人在，這是其一：《論語》載：「太師摰適齊，亞飯干適楚，三飯繚適蔡，四飯缺適秦，鼓方叔入於河，播鼗武入於漢，少師陽，擊磬襄入於海。」（〈微子〉）此外像師乙，師曠等（見《禮記·樂記》及諸子書），足見古代的樂師很多，在什麼地方有了新的歌謠，他們就可從而采之，配以管弦，好像漢代樂府的采詩夜誦一樣……〔註65〕

由張西堂的論述可知，古時確有採詩一事。龍起濤對采詩一事亦有關注，他說：「風之采錄亦難明其故，多有望國不得錄，而小國反得錄者，有同為小國而或錄或不錄者」〔註66〕，他不明白何以春秋時有些大國的詩不被收錄，而小國的詩反而被收錄？又同為小國，何以有些小國的詩被錄，而有些小國的詩不被錄？

關於《詩經》采詩標準，鄭玄在《詩譜》說：

〔註63〕（漢）何休解訓詁、（唐）徐彥疏、（清）阮元等撰：《春秋公羊傳注疏》，收錄於楊家駱主編：《十三經注疏補正》（台北：世界書局，1963年9月），第十二冊《公羊注疏及補正》，頁10。

〔註64〕（漢）毛亨傳、（漢）鄭玄箋、（唐）孔穎達疏：《毛詩正義》，收錄於李學勤主編：《十三經註疏整理本》（台北：臺灣古籍出版有限公司，2001年10月），頁18。

〔註65〕張西堂：〈詩經的編定〉，《詩經六論》（上海：商務印書館，1957年9月），頁82。

〔註66〕龍起濤：《毛詩補正》，頁21。

陳諸國之詩者，將以知其缺失，省方設教為黜陟。時徐及吳、楚僭
號稱王，不承天子之風，今棄其詩，夷狄之也。其餘江、黃、六、
蓼之屬，既驅陷於彼俗，又亦小國，猶邾、滕、紀、莒之等，夷其
詩，蔑而不得列於此。〔註67〕

鄭玄以為並非所有國家之詩都收錄的原因，可能是其國夷狄、僭號稱王，不
承天子之風而不錄，如徐、吳、楚等；又或是該國規模過小，如邾、滕、紀、
莒等。到了唐代，孔穎達在《毛詩正義》對采詩標準提出看法：

以列國政衰，變風皆作，南國諸侯，其數多矣，不得全不作詩。今
無其事，故問而釋之。巡守陳詩者，觀其國之風俗，故采取詩以為
黜陟之漸。亦既僭號稱王，不承天子咸令，則不可黜陟，故不錄其
詩。吳、楚僭號稱王，《春秋》多有其事。……《春秋》文四年，楚
人滅江。僖十二年滅黃。文五年，楚滅六併蓼。終為楚人所滅，是
其驅逼陷惡俗也。既驅陷彼俗，亦不可黜陟，又且小國，政教狹陋，
故夷其詩，輕蔑之，而不得列於國風也。邾、滕、紀、莒，春秋時
小國，亦不錄之，非獨南方之小國也。其魏與檜、曹，當時猶大於
邾、莒，故得錄之。春秋時，燕、蔡之屬，國大而無詩者，薛綜答
韋昭云：「或時不作詩，或有而不足錄。」〔註68〕

可知孔穎達的采詩標準，是持鄭玄《詩譜》意見並加以闡發，又以《春秋》驗
證鄭說有所依據。而孔穎達亦提出燕、蔡之所以無詩，可能是「時不作詩」或
「有而不足錄」。

顧炎武對《詩經》采詩亦有己見，〈楚吳諸國無詩〉曰：

吳楚之無詩，以其僭王而夷之與？非也。太師之本無也。楚之先熊繹
辟在荊山，篳路藍縷，以處草莽。……岐陽之盟楚為荊蠻，置茅蕝，
設望表，與鮮牟守燎而不與盟，是亦無詩之可采矣。況于吳自壽夢以
前未通中國者乎？滕薛之無詩微也。若乃虢鄶皆為鄭滅，而虢獨無
詩。陳蔡皆列春秋之會盟，而蔡獨無詩，有司失其傳爾。〔註69〕

〔註67〕（漢）毛亨傳、（漢）鄭玄箋、（唐）孔穎達疏：《毛詩正義》，收錄於李學勤
主編：《十三經註疏整理本》，頁18。

〔註68〕（漢）毛亨傳、（漢）鄭玄箋、（唐）孔穎達疏：《毛詩正義》，收錄於李學勤
主編：《十三經註疏整理本》，頁18。

〔註69〕顧炎武：〈楚吳諸國無詩〉，《日知錄》（台北：明倫出版社，1970年10月），
頁67。

顧炎武以為楚之所以無詩，乃因其地偏僻，而吳之所以無詩，起因未與中國相通。至於虢，則因被鄭所滅而無詩，蔡因其有司失傳而無詩。龍起濤對此提出疑問，質疑「魯備列國之風，而魯反無風，亦有司失傳耶？」〔註70〕並批評「此皆不可強通者也！」〔註71〕他引賀貽孫之說解決顧說不通處：

> 賀氏子翼曰：「凡民間之言，有似詩而非詩者，其類有六：一曰『歌』，如擊壤之歌是也。一曰『謠』，如童謠之類是也。一曰『誦』，如輿人之誦之類是也。一曰『謳』，如宋城者之謳是也。一曰『語』，《左氏》所引里語，畏首畏尾之類是也。一曰『諺』，夏諺之類是也。此皆不可為詩者也。不可為詩即不可入樂，例在不錄，故有之雖檜、曹不可遺，無之雖宋、魯不妨闕也。」〔註72〕

龍起濤認為賀貽孫所言極是，采詩有其規矩與體制，若是不合體制者，「魯、宋不妨闕也。」有了這個觀念，龍起濤對采詩的標準提出了自己的看法：

> 一曰「非諸夏不錄」，楚，大國也，而鴂音未改。燕，召公之後也，而壤接匈奴。吳、越皆先聖之裔，而棄在海濱。秦俗近戎，本與吳、楚各國同在，所擯而有夏聲則錄之，此非知音者不能也！其所采者，一曰「本朝首善之區」，如二南，如王，如豳是也。一曰「帝王建都之地」，如魏、唐，堯、舜、禹所都，邶、鄘、衛，商所都，陳，伏羲所都是也。蓋是二者其地久為風教所涵濡，其士女多出言有章，成章乃可歌，故所采獨多也。此外則有特存者，有附見者。其特存者，凡形勝所關，不可不紀。如齊得十二，秦得百二，負天下之險。鄭為南北交爭，為天下之衝，其尤要者莫過於平王之戌申、戌甫、戌許三國，周之屏蔽，三國亡，楚始憑陵中夏，此皆大局所關，不可不紀者也。其附見者，以其國所采者少，則使之附見他國。如邶有黎之〈式微〉，鄘有許之〈載馳〉、〈木瓜〉。齊桓詩而在衛，〈緇衣〉周人作而在鄭。又有蔡人妻作〈芣苢〉、申人女作〈行露〉、齊傅母作〈碩人〉、息夫人作〈大車〉，皆附存二南、王風中。而齊風尤多魯事，不可謂魯有頌而無風也。〔註73〕

〔註70〕龍起濤：《毛詩補正》，頁21。
〔註71〕龍起濤：《毛詩補正》，頁21。
〔註72〕龍起濤：《毛詩補正》，頁21～22。
〔註73〕龍起濤：《毛詩補正》，頁22～23。

龍起濤以為燕、吳與越之所以《詩經》不采，乃是因其國非中原諸夏，並以地理位置解釋，如燕與匈奴相接，吳、越則棄在海濱；而秦國之所以采錄，乃因其保有夏聲，與楚國鴃音未改不同。其次，因首善之區而采錄，如二南、王、豳。另一個采錄的原因，乃是其為帝王建都之地，如魏、唐是堯、舜、禹所都，邶、鄘、衛則是商朝所都，陳更是伏羲所都之地，受其風教涵養久矣而收錄。另提出特存、附見的看法，特存者如齊、秦乃天下之衝、鄭為南北交爭之地，因其位置重要而特錄；附見者如邶有黎之〈式微〉、鄘有許之〈載馳〉、〈木瓜〉，齊桓詩而在衛，〈緇衣〉周人作而在鄭，又有蔡人妻作〈芣苢〉、申人女作〈行露〉等等，間接推翻了鄭玄《詩譜》「國小而不錄」的說法。

龍起濤以不同觀點談采詩標準，其言特存者與附見者，更與「國小而不錄」的說法不同。又龍起濤以首善之區、帝王建都之地與該國位於天下之衝、南北交爭重要之地論采錄之因，更是新穎！雖然目前於采詩標準尚無定論，但筆者以為龍起濤論采詩標準，可備一說。

三、南、豳、雅、頌

《詩經》按風、雅、頌排列，在現今已成定局，然而洪湛侯在《詩經學史》提到「《詩經》按『風』、『雅』、『頌』分為三類，自漢迄唐無異說，至宋而疑端漸起，新說風行」〔註74〕，可知現今風、雅、頌的排列，還是有經過一段爭論的過程。又洪湛侯接續說：

> 北宋蘇轍作《詩經集傳》，解〈小雅・鼓鐘〉「以雅以南，以籥不僭」二句，曾以二〈雅〉釋「雅」，二〈南〉釋「南」，使「雅」、「南」並立，大有主張「南」詩獨立成為一體的傾向。蘇轍為一代名師，對王質、程大昌影響很大，王氏《詩總聞》提出「南」為詩之一體，又說「南」，樂歌名也，見《詩》「以雅以南」，見《禮》「胥鼓南」。〔註75〕

首次將南、雅並立，並且主張「南」詩獨立為一體傾向者為蘇轍，繼蘇轍之後，王質、程大昌受其影響，王質更提出「南」為詩之一體，可知到了王質時，「南」為詩之一體之說，可能逐漸風行，宋代於是有南、風、雅、頌之說。

顧炎武在〈四詩〉曰：「周南召南，南也，非風也。豳謂之豳詩，亦謂之

〔註74〕洪湛侯：《詩經學史》（北京：中華書局，2002年5月），頁22。
〔註75〕洪湛侯：《詩經學史》，頁22。

雅，亦謂之頌，而非風也。南、豳、雅、頌為四詩，而列國之風附焉。此詩之本序也。」〔註76〕可知到了顧炎武的時代，「南、豳、雅、頌」四詩之說已然成形。龍起濤在《周南、召南譜》中提到：

> 夫周之南、召之南，或數十國，或一、二百國不等，採得其風統名曰「南」，後人因以為樂章部分之名，而南、豳、雅、頌首列正聲，其來久矣。是以季札觀樂，見舞象箾、南籥者，杜征南注曰「南籥，文王之樂也。鼓鐘曰『以南』，文王世子曰『胥鼓南』，皆緣於此，而鄭氏以為南夷之樂誤矣。」夫周南、召南正始之道，王化之基，古人於夫婦一倫不甚為重。觀春秋時，齊襄、衛宣、楚平之事，層見疊出，知商俗之尤靡靡也。以周、召聖賢之徒，而〈摽梅〉、〈行露〉、〈草蟲〉、〈野麕〉諸作時時不絕，其畏強暴也，凜乎如防大敵。而文王化起，閨門獨能厚人倫、美教化，以漸諸六州而遠，雖欲不有天下，豈可得哉？蓋後之有天下者以兵爭，而昔之有天下者以德化，此二南所以可貴也。但文起岐周，自西而東，漸及於南，乃遺本國不名而專取名於南，何也？從古帝王作樂，皆紀其德之盛、業之大者，文之化至南而大且盛，故名之曰「南」。昔人以國風、雅、頌為四詩，吾謂不如以南、豳、雅、頌為四詩之尤碻也。〔註77〕

龍起濤說「南、豳、雅、頌首列正聲，其來久矣」，是從季札觀樂以及後來宋人王質、程大昌以為「南」是一種樂歌、樂器的觀點，故此「南」應該在〈國風〉中獨立出來。同時他也同意顧炎武所說豳風應該獨立，與雅、頌皆為周詩而非諸侯國之風，這樣的見解實際關照到詩篇內涵、時代、來源等等，影響體制編排的內在因素，故筆者以為龍起濤認同前人之說，並說明南、豳、雅、頌的觀點是可取的。

〔註76〕顧炎武：〈四詩〉，《日知錄》，頁60。
〔註77〕龍起濤：《毛詩補正》，頁33～34。

第三章 《毛詩補正》的論詩觀點與特色

　　清代的學術研究，大致可分為三個階段〔註1〕：初期是經學的反動，反對心學與評點，提倡恢復傳統經學，中期為考據學的興起，清末則是今文經的復興。今文經的復興，對《詩經》學亦起了很大的影響，何海燕將今文經的興起，定義為「清代《詩經》學之晚期特徵」〔註2〕，可知今文經在晚清的《詩經》研究上，有一定的影響。王俊義等在《清代學術文化史論》提到：

> 至嘉慶、道光之際，清朝的統治逐漸由盛轉衰，風靡一時的乾嘉考據學逐步走向衰落，今文經學再度興起，漢學與宋學的門戶之爭再度激烈。〔註3〕

可見今文經的興起，亦帶動宋學捲土重來，打破了清代經學以漢學為主的風氣。林葉蓮《中國歷代詩經學》亦曰：「今文學家承其餘緒，高唱微言大義、經世致用，漢學派遂微」〔註4〕，可知在當時，《詩經》漢學派地位已大不如

〔註1〕皮錫瑞言「國朝經學凡三變。國初，漢學方萌芽，皆以宋學為根柢，不分門戶，各取所長，是為漢、宋兼采之學。乾隆以後，許、鄭之學大明，治宋學者已尠。說經皆主實證，不空談義理。是為專門漢學。嘉、道以後，又由許、鄭之學導源而上，《易》宗虞氏以求孟義，《書》宗伏生、歐陽、夏侯，《詩》宗魯、齊、韓三家，《春秋》宗《公》、《穀》二傳。漢十四博士今文說，自魏、晉淪亡千餘年，至今日而復明。」見（清）皮錫瑞撰、（民國）周予同注釋：《經學歷史》，頁341。

〔註2〕何海燕：《清代詩經學研究》（北京：人民出版社，2011年6月），頁143。

〔註3〕王俊義、黃愛平：《清代學術文化史論》（台北：文津出版社，1999年11月），頁5。

〔註4〕林葉連：《中國歷代詩經學》（台北：台灣學生書局，1993年3月），頁350。

前。面對如此多元的經學研究風氣，《毛詩補正》論詩的主要依據為何？而其論詩的特色又是什麼？此章將討論《毛詩補正》如何看待三家《詩》與《詩序》，並兼論《毛詩補正》的論詩特色。

第一節　《毛詩補正》對三家《詩》的態度

《毛詩補正·凡例》：「至齊、魯、韓三家《序》，語之存者亦錄之」〔註5〕，可見龍起濤除了關注《詩序》外，也注意到三家《詩》的論詩觀點。此節將討論《毛詩補正》對三家《詩》的看法，以明《毛詩補正》的論詩依據。

一、三家《詩》不足憑

《毛詩補正》一書中，論三家《詩》觀點的篇幅不多，但提及三家《詩》看法時，龍起濤大多持反對態度，如：〈周南·芣苢〉，龍起濤案：「韓《詩》傷夫惡疾之說似無取焉。」〔註6〕〈邶風·柏舟〉，龍起濤案：「《列女傳》（筆者案：魯《詩》說）不足憑，今特正之。」〔註7〕〈王風·黍離〉，龍起濤案：「終以毛《序》為得正，三家亡而毛獨存者以此。」〔註8〕〈齊風·雞鳴〉，龍起濤案：「未若毛《序》之當。」〔註9〕可見龍起濤不太採信三家《詩》的觀點，亦對當時盛行的今文經學研究並不熱衷。

二、以韓《詩》補充《詩序》

雖然龍起濤明言三家《詩》不足採信，但《毛詩補正》偶有選擇韓《詩》與《詩序》說解近似者，兩相對照以明《詩序》之意，或當《詩序》說解籠統時，用韓《詩》來補充《詩序》，如：

（一）〈曹風·蜉蝣〉，《詩序》：「刺奢也。昭公國小而迫，無法以自守，好奢而任小人，將無所依焉。」龍起濤案：

> 鄭氏注《禮》用韓《詩》，為刺不忠信之人，愚謂韓《詩》是也。凡
> 悃愊之人，其衣服多樸素，虛浮之人，其衣服好華靡。此人衣裳楚

〔註5〕龍起濤：《毛詩補正》，頁12。
〔註6〕龍起濤：《毛詩補正》，頁68。
〔註7〕龍起濤：《毛詩補正》，頁141。
〔註8〕龍起濤：《毛詩補正》，頁321。
〔註9〕龍起濤：《毛詩補正》，頁449。

楚，故詩人見而憂之。〔註10〕

《詩序》曰：「刺奢也」，韓《詩》說「刺不忠信之人」，刺不忠信之人正與下《序》〔註11〕「好奢而任小人」相類，故龍起濤以為韓《詩》之說為是。其論〈蜉蝣〉曰：

> 其人衣服麗都，聽其言則美，施諸用則疎，朝所言者，夕而易之，坐而言者，起而忘之，雖楚楚采采，其中固已枵然矣。是不必聆其語論也，見其衣服而憂之矣。〔註12〕

龍起濤同意《詩序》刺奢之說，但論此詩明顯受韓《詩》觀點影響，將兩者相融合，認為衣裳華麗者（筆者案：即上《序》之「奢」。），必為不忠信之人（筆者案：即下《序》之小人。），此人其言雖美，但用則疎，朝令而夕改；坐而言，起而忘之，在在凸顯衣裳華麗者的問題，故《詩序》刺之。

（二）〈鄘風・蝃蝀〉，《詩序》：「止奔也。衛文公能以道化其民，淫奔之恥，國人不齒也。」龍起濤案：「韓《詩》曰：『刺奔女也。邪色乘陽，人君淫佚之徵。』何氏楷以此為刺宣公之詩。」〔註13〕龍起濤於《詩序》後補韓《詩》與何楷的觀點，兩人皆影響了龍起濤對此詩的解讀，更影響了他對下《序》「衛文公能以道化其民，淫奔之恥，國人不齒。」的理解。龍起濤在第一章案：「女子，指宣姜也。有行，自齊來嫁於衛也。齊在東，故曰『蝃蝀在東』」〔註14〕，顯見韓《詩》「刺奔女」的說法已影響了龍起濤，所以他在第二章說：「朝隮于西，衛在齊西也，入衛為夫人，故言隮。」〔註15〕龍起濤解讀「莫之敢指」與「朝隮于西」，於地理位置符合外，更與《詩序》止奔之說不衝突。他在第三章說：

> 何氏謂刺宣公納伋婦。宣年老比日薄西山，姜年少如朝日在東，惜其遠父母兄弟而失身也。初為子求昏而卒自取之，故曰「大無信」，

〔註10〕龍起濤：《毛詩補正》，頁691。
〔註11〕龍起濤認為「首一句為上《序》（筆者案：后妃之德也。即以首句為主。），或國史所記，或子夏所作，今不可辨。以下為下《序》（筆者案：〈關雎〉樂得淑女以配君子……而無傷善之心。即下《序》。），則漢儒毛公、衛宏輩所續成之者耳，其說多牽強附會，後人辨論皆起於此。」見龍起濤：《毛詩補正》，頁35。
〔註12〕龍起濤：《毛詩補正》，頁693。
〔註13〕龍起濤：《毛詩補正》，頁248。
〔註14〕龍起濤：《毛詩補正》，頁249。
〔註15〕龍起濤：《毛詩補正》，頁249。

以是詩屬文公無所據。愚案：乃如之人，高高在上，故莫之敢指，
以為刺宣不誣。蓋一身正則一國莫敢不正，故刺之以止奔。或以篇
次在〈定中〉後，當屬文公時，不知經秦火後，篇次之亂也久矣，
以意逆志，即以為刺宣公可也。〔註16〕

《毛詩補正》在第三章補何楷說法，認為此詩刺宣公亦可，為此詩帶來新解
的同時，亦緊扣上《序》止奔之說。觀看全詩，龍起濤認為蝃蝀即宣公，此人
高高在上而眾人莫之敢指（蝃蝀在東，莫之敢指）；女子即宣姜，其自衛嫁來
齊（女子有行，遠父母兄弟），而衛在其西，故曰「朝隮于西」。筆者認為龍起
濤在解讀此詩雖參考韓《詩》觀點，但與上《序》「止奔」意並無衝突，兼顧
詩意與上《序》，然而龍起濤也沒有反對下《序》，因為下《序》言「淫奔之
恥，國人不齒」，與《上序》的「止奔」意同。如果要將〈蝃蝀〉說成是淫奔
之詩，衛宣公搶奪兒媳宣姜，確實較衛文公以道化民更為貼近詩意，可見龍
起濤對此詩的看法，仍是以《詩序》為主，並以韓《詩》、何楷之論點來補充
《詩序》，以明詩旨。

三、以韓《詩》更正《詩序》

《毛詩補正》有以韓《詩》來更正下《序》的例子，如：

（一）〈衛風・有狐〉，《詩序》：「刺時也。衛之男女失時，喪其配耦焉。
古者國有凶荒，則殺禮而多昏，會男女之無夫家者，所以育人民也。」龍起濤
案：

衛經狄亂之後，人民稀少，其遺民有淒淒然獨行於淇上者，君子見
而閔之，而其時之政事可知矣，故刺之。朱承《序》說殊誤，天下
乃有如是無恥之寡婦哉？今本韓《詩》意正之。〔註17〕

上《序》言「刺時」，下《序》則認為「衛男女失時，喪其配耦」、「古有凶荒
則殺禮而多昏，會男女之無夫家者」，朱熹《詩集傳》同意下《序》觀點，
以此詩為「國亂民散，喪其配耦，有寡婦見鰥夫而欲嫁之。」〔註18〕龍起濤
則認為此詩不似朱子之說，「天下乃有如是無恥之寡婦哉？」指出朱子承襲
《序》說謬誤外，更反對朱子的淫詩說。龍起濤以為此詩乃「衛經狄亂之後，

〔註16〕龍起濤：《毛詩補正》，頁250。
〔註17〕龍起濤：《毛詩補正》，頁306。
〔註18〕朱熹：《詩集傳》（台北：台灣中華書局，1991年3月），頁40～41。

人民稀少，君子見而閔之，而其時之政事可知矣，故刺之。」此言似乎與上《序》之「刺時」相合，然上《序》何以言刺時？龍起濤以韓《詩》「刺時無善政以養民也」〔註19〕補充，知上《序》之所以言「刺時」，乃刺「無善政以養民」，因當時衛經狄亂，「衛之民乃有無裳、無帶、無服者，此在位者之責也」〔註20〕，由此可見龍起濤認同上《序》不認同下《序》，以韓《詩》「刺時無善政以養民」更正下《序》說法，亦達到完善《詩序》之功。

（二）〈小雅·四月〉，《詩序》：「大夫刺幽王也。在位貪殘，下國構禍，怨亂並興焉。」龍起濤案：

> 陳氏曰：「〈四月〉篇，韓《詩》止以為嘆行役」，嚴氏謂其未盡詩意。王子雍述毛以為行役踰時，曠廢祭祀，孔氏謂《序》、《傳》俱無此意。然滔滔江、漢，定應身在南國，非征役之一證乎？《左氏》文十三年，季文子賦〈四月〉，杜注謂取行役踰時，思歸祭祀之意。又《孔叢子》記孔子云：「吾於〈四月〉見孝子之思祭」，則王氏之解確有明徵，孔氏譏之過矣。愚謂缺祭亦行役中自傷一事，韓《詩》以為嘆行役之作自確，朱子以為遭亂非也。〔註21〕

龍起濤引前人注解，目的是要證明韓《詩》的觀點為正，認同韓《詩》嘆行役之說。相對於韓《詩》，朱子以為此詩「亦遭亂自傷之詩」，遭亂之說似由下《序》構禍而來，龍起濤說「朱子以為遭亂非也」，似乎亦也不認同下《序》的觀點。他說：

> 韓《詩》曰：「嘆行役也。」前篇譚大夫告病，此篇周大夫告哀，皆傷亂之詩也。幽王貪殘，徵發旁午，使者四出，東國之人困矣。此大夫或由東而南，以至於江、漢，踰越秋冬，跋涉山水，亦云：「瘁矣。」江、漢之間，蠻夷錯處，皇華所經，山童水涸，風景全非。今奉宣王命，尚能安然無恙者，若臣盡瘁之力也，而王豈能記錄之哉？人情洶洶，變故將生，使者在途，不能為鳥之飛，不能為魚之潛，此所以顧蕨薇而生悲，撫杞棟而增嘆也。臣方告哀而君且行樂，盤游無度，王之車駕又徑達淮上矣，故又有鼓鐘、淮水之事。〔註22〕

〔註19〕龍起濤：《毛詩補正》，頁307。
〔註20〕龍起濤：《毛詩補正》，頁308。
〔註21〕龍起濤：《毛詩補正》，頁1055～1056。
〔註22〕龍起濤：《毛詩補正》，頁1060～1061。

由此可知，龍起濤認為朱子遭亂說為非，乃因幽王好徵發旁午，調遣人力太過頻繁，作此詩者，因得幽王之命而行役，導致無法歸祭而哀，因傷幽王徵發旁午之亂而作此詩，並非「搆禍」也無「遭亂」，故以韓《詩》「嘆行役」更正下《序》之誤。

《毛詩補正》提及三家《詩》觀點的篇幅不多，而以三家《詩》觀點論詩的例子更是稀少；即便有所論及，也多以韓《詩》來補充、更正《詩序》，用以完善《詩序》，魯《詩》、齊《詩》觀點則較少。由此節論述可知，《毛詩補正》多不採三家《詩》觀點，認為三家《詩》不足憑，《詩序》則有一定的權威地位。又《毛詩補正》以韓《詩》觀點來正《詩序》，僅見〈有狐〉與〈四月〉兩篇，且其更正者為下《序》，仍然同意上《序》，由此可見，龍起濤的態度是尊重《詩序》，對三家《詩》觀點則不甚認同，故《毛詩補正》一書，論詩態度傾向《詩序》觀點，以《詩序》為正。

第二節　闡明《詩序》

自宋代歐陽修捨《詩序》到朱熹廢《詩序》，後人開始對《詩序》的觀點產生懷疑，而有廢《詩序》的聲音出現，與傳統的論詩觀點不同，宋學派於是產生。《毛詩補正·自序》：「說《詩》者遂分兩大門戶，閴然相鬩，至於今未已。」[註23] 清末漢學、宋學之爭，加上今文經的復興，三家鼎立的新氣象，使晚清《詩經》研究風氣不再以《詩序》觀點為主，趨於多元而豐富。

《毛詩補正》已排除三家《詩》觀點，以《詩序》為正，在面對他人懷疑《詩序》時，龍起濤亦有自己看法。此節將討論《毛詩補正》在面對他人懷疑《詩序》時，龍起濤要如何為《詩序》解釋、為《詩序》解套？由於《毛詩補正》為《詩序》解套的詩篇眾多，主要使用援引他說闡發《序》意、援引他說補正《詩序》兩種方法，礙於篇幅，每種方法各引兩首詩為例，以明《毛詩補正》為《詩序》解套所做的努力。

一、援引他說闡發《序》意

（一）〈周南·卷耳〉，《詩序》：「后妃之志也。又當輔佐君子，求賢審官。知臣下之勤勞，內有進賢之志，而無險詖私謁之心，朝夕思念，至於憂勤也。」

〔註23〕龍起濤：《毛詩補正》，頁 1。

龍起濤案：

> 歐陽子謂求賢審官非后妃事，愚謂無其事而有其心，故云后妃之志。
> 朱子以為朝會征伐之時，羑里拘幽之日而作。愚謂鄭氏以二、三、
> 四章為勞使臣，固失之。……戴吉士以為感念於君子行邁之憂勞而
> 作，亦未得之。蓋朝會征伐，方伯常職，選用嬪御，宮中常事，惟
> 羑里為蒙難之時，正后妃憂傷之日也。伏讀《御纂詩義折中》曰：
> 「紂囚文王於羑里，后妃思之，言賢才難得，如我所懷之人，當置
> 之列位，不可拘幽之也」，是足以合當日之情事，而并包古義矣。若
> 范氏《詩瀋》以為文王在羑里，后妃遣使臣之作，當時閎散之徒求
> 美女、文馬以贖西伯，雖皆諸臣之勞，實則后妃之所使也。發《序》
> 中志字，范說亦確。〔註24〕

《詩序》以為此詩乃后妃之志，朱子以為「豈當文王朝會征伐之時，羑里拘
幽之日而作歟？」〔註25〕龍起濤以為朝會征伐，皆方伯常職，故此詩之作，
理當文王拘幽之事。又補《御纂詩義折中》觀點，兼採《詩瀋》意見，為《詩
序》解釋，以掃眾人歧見與謬誤。龍起濤認同《詩序》觀點，為《詩序》解
釋，引史事曰：「歐陽子謂求賢審官非后妃事，然楚之樊姬能薦叔敖，宋之宣
仁能相司馬，而況於開國之聖母也哉？」〔註26〕可見龍起濤以《詩序》為正，
反對他人疑《序》行為。

（二）〈邶風·靜女〉，朱《傳》：「此淫奔期會之詩。」龍起濤案：

> 此主歐陽氏《本義》之說。愚初讀亦以為宜從朱《傳》，後見《韓詩
> 外傳》以為歌道義，知古人無以為淫奔者，遂斷從毛、鄭。《聞見錄》
> 云：「考亭晚年注毛《詩》，盡去《序》文，以彤管為淫奔之具，以
> 城闕為偷期之所，陳止齋得其說而病之，謂『以千七百年女史之彤
> 管與三代之學校為淫奔之具、偷期之所，竊所未安，獨藏其說不與
> 考亭。』」辨茲以此篇淪入淫詩已久，仍本古義正之。〔註27〕

〈靜女〉，《詩序》以為「刺時也。衛君無道，夫人無德」，朱子則以為淫奔期
會之詩。龍起濤以《韓詩外傳》歌道義的觀點，言古來無以此詩為淫奔者，並

〔註24〕龍起濤：《毛詩補正》，頁48～49。
〔註25〕朱熹：《詩集傳》，頁3。
〔註26〕龍起濤：《毛詩補正》，頁53。
〔註27〕龍起濤：《毛詩補正》，頁211。

引陳止齋之說，以為將彤管、學校視為淫奔之具、偷期之所，實在不適，反對
朱子淫奔說。

　　除了引《韓詩外傳》觀點，龍起濤亦補充呂祖謙與陳啟源的論述來強化
《詩序》的解詩正統：

　　　　呂氏祖謙曰：「此詩述古者賢君、賢妃之相與。」陳氏曰：「詩稱女
　　　　德而《序》反言夫人無德？《序》所言者，作詩之意，非詩之詞也。
　　　　橫渠、東萊皆從《序》。」〔註28〕

陳啟源以為詩文之所以與《序》說不符，因為《詩序》所言為作詩之意，非言
詩文之詞，此詩之作為了刺夫人無德，替《詩序》作了良好的解釋。而呂祖謙
認為詩文呈現出賢君、賢妃之相，看似與《詩序》「刺時」、「衛君無道，夫人
無德」觀點不合，然呂祖謙解「愛而不見，搔首踟躕」曰：「猶〈關雎〉求之
不得，寤寐思服，蓋思之切也。」〔註29〕龍起濤更進一步說：「蓋城隅高不可
踰，而彼妹在焉，有蓬山萬重之感，甚言淑女之難得也。」〔註30〕筆者以為
呂祖謙的意思是：詩文以一賢君、賢妃之相對比衛國夫人之無德，藉以達到
刺時之效。

　　龍起濤在第一章案：「靜女猶〈關雎〉之淑女也」〔註31〕，將此詩之靜女
與〈關雎〉之淑女相提並論，加以呂祖謙的觀點論此詩，為《詩序》之刺時與
夫人無道作了解釋，故龍起濤評此詩曰：

　　　　開手特地下一靜字，見得其人不肯作燕婉之求者，為宣姜作對照。
　　　　次句俟我城隅，是束身自愛，壁立千仞意。俟我為守貞待字，城隅
　　　　非有其地，若認真便成痴人說夢。次章義在彤管，末章義在歸荑，
　　　　一管一荑，總為靜女襯起身分。然荑常有而彤管之見詠者止此，故
　　　　《左氏》曰：「〈靜女〉之三章，取彤管焉？通首是重德輕色。」《韓
　　　　詩外傳》以為歌道義，得其旨矣〔註32〕

龍起濤以為靜女俟我城隅，乃是束身自愛、守貞待字之相，與宣姜全然不同。
而城隅非有其地，故切勿認真，其曰：「城隅最高之處俟之，為言以禮待聘，

〔註28〕龍起濤：《毛詩補正》，頁211。
〔註29〕呂祖謙：《呂氏家塾讀詩記》，收錄於《景印文淵閣四庫全書・經部・詩類》
　　　　（臺北市：臺灣商務印書館，1983年6月），第67冊，頁383。
〔註30〕龍起濤：《毛詩補正》，頁212。
〔註31〕龍起濤：《毛詩補正》，頁212。
〔註32〕龍起濤：《毛詩補正》，頁216。

自處甚高，故俟我而曰『城隅』也」〔註33〕，以此反駁疑《序》之人，後再以《左傳》與《韓詩外傳》觀點，證明古來言此詩者，皆以《詩序》為正。

《毛詩補正》在為《詩序》解釋的同時，不單以一人觀點為正，多方引用前人說詩，以達闡明《詩序》之意。

二、援引他說補正《詩序》

《毛詩補正》除了以韓《詩》完善《詩序》外，亦援引他說來補正《詩序》，堅固《詩序》之正統。如：

（一）〈邶風・終風〉，《詩序》：「衛莊姜傷己也。遭州吁之暴，見悔慢而不能正也。」龍起濤補充賀貽孫觀點：

> 賀氏子翼曰：「小《序》於〈綠衣〉、〈日月〉、〈終風〉皆曰：『莊姜傷己』，謂之傷己則不尤人矣。即此二字，不待展卷而其詩之怨而不怨可知，此古《序》之所以可貴也。乃後人於此篇則續云：『遭州吁之暴。』夫莫往莫來，悠悠我思，此等語豈所施於州吁哉？朱子疑之固也。」〔註34〕

賀貽孫認為下《序》雖言「遭州吁之暴」，然「莫往莫來，悠悠我思。」等語，豈所施於州吁？已懷疑下《序》之說，認為朱子疑之甚是。龍起濤認同賀貽孫觀點，以為「朱改州吁為莊公甚當」〔註35〕，以朱說更正下《序》，認為莊姜之所以傷己，並非州吁而是莊公，故論此詩曰：

> 先儒謂若以此詩繼〈綠衣〉之後，次〈日月〉、次〈燕燕〉讀之，可以備見莊姜之賢矣。愚謂莊姜固賢，而惜乎衛之無賢君也。衛居中土，跨大河以北，兼邶、鄘二國，得商家邦畿千里之地，此何異秦得周之豐鎬也？入春秋以後，使有賢君出而經營之，則南攘楚、北逐狄，豈待齊、晉哉？不幸武公以後，繼以莊之暴、吁之逆，重以宣之淫昏，而衛事不可為矣。予讀〈綠衣〉、〈燕燕〉、〈終風〉諸詩，嘆莊姜之賢必能訓正其子，以故桓公既立，十六年間深得民心，州吁得國，終未能和其民，非得於賢母之教，能如是乎天禍？衛國遭逢變故，使賢夫人徒留此詩以供後人之歆歔，其氣沈鬱，其詞深厚，

千載以下，如將見之也。〔註36〕

《詩序》說衛莊姜傷己，乃因遭州吁之暴而傷，朱子以為「莊公之為人狂蕩暴疾，莊姜蓋不忍斥言之，故但以終風且暴為比。……蓋莊公暴慢無常，而莊姜正靜自守，所以忤其意而不見答也。」〔註37〕龍起濤以朱子觀點更正下《序》，用「莊公暴慢」取代下《序》「遭州吁之暴」，認為衛國在武公後，先有莊公之暴、州吁之逆，又有宣公之淫昏，衛國無賢君，莊姜豈能不傷？龍起濤從《詩序》出發，以朱說更正下《序》，再論莊姜傷己之因，以達完善《詩序》之效，而衛國徒有莊姜之賢而無賢君，只能徒留此詩以供後人歔歔。

（二）〈小雅・蓼蕭〉，《詩序》：「澤及四海也。」龍起濤補《朱傳》：「諸侯朝於天子，天子與之燕，以示慈惠」，後案：「此可補古《序》所未及。」〔註38〕又案：

> 〈明堂位〉：「昔者周公朝諸侯於明堂之位，天子負斧依南鄉而立。
> 三公，中階之前，北面東上，侯、伯、子、男之國，各以其次。而
> 上九夷、八蠻、六戎、五狄之國，則於門外分東、西、南、北而上。」
> 《逸周書》：「周室既寧，八方會同，各以其職來獻。」又史稱成王
> 二十五年，大會諸侯於東都，史臣為作王會之篇。〔註39〕

龍起濤以《禮記・明堂位》與《逸周書》補充《詩序》，並參考朱子之說，用以完善《詩序》「澤及四海」，為《詩序》解套的同時，亦能為《詩序》之說找到文籍證例。又龍起濤論此詩曰：

> 諸侯朝天子也，而《序》曰「澤及四海」何也？古者以邊隅為海，
> 屈完對齊侯之言曰：「君處北海，寡人處南海」是其證也，此三代以
> 上語也。是時成王在位，周公輔之，既誅武庚，復踐淮奄中原之地，
> 已擴清矣。其時表東海者，太公也；處北海者，箕子也；分封南海
> 者，鬻子也；西陸則王畿處之，四海之地，以東、西都為王會焉。
> 遠方諸侯，瞻仰宸極，如在天上視其君，幾如雷霆之可畏，鬼神之
> 不測矣。而乃既見之後，燕語可懷，龍光聿宣，集萬方之玉帛，昭

〔註36〕龍起濤：《毛詩補正》，頁 161～162。
〔註37〕朱熹：《詩集傳》，頁 18。
〔註38〕龍起濤：《毛詩補正》，頁 844。
〔註39〕龍起濤：《毛詩補正》，頁 844。

一統之山河，雨露之恩，徧及四海，周家之盛極於此矣。〔註40〕
由上文可見，龍起濤試圖為《詩序》解套，以史事與地理來解釋《詩序》「澤及四海」的觀點。當時周公輔政，諸侯分封各地，而古人以邊陲為海，故《詩序》曰「澤及四海」；而以《禮記・明堂位》與《逸周書》補充《詩序》的同時，亦是以《詩序》證他書。如〈小雅・鼓鐘〉，龍起濤曰：「竊謂《序》在《孟子》前，與經同傳者也。嚴氏謂『古事固有不見史而因經而見者』，此正因經而見之事也」〔註41〕，此亦是〈小雅・蓼蕭〉《毛詩補正》引他書補充《詩序》之因（以《詩序》證他書）。

　　《毛詩補正》以《詩序》為正宗，並試圖為《詩序》解套，然而亦有更正下《序》觀點，原因為何？《毛詩補正》對《詩序》看法為：

> 首一句為上《序》，或國史所記，或子夏所作，今不可辨。以下為下
> 《序》，則漢儒、毛公、衛宏輩所續成之者耳，其說多牽強附會，後
> 人辨論皆起於此。〔註42〕

可見龍起濤認為下《序》多為後人牽強附會，故能理解何以《毛詩補正》會有更動修正下《序》的現象；然龍起濤雖更正下《序》，卻仍認為下《序》不可廢。如〈秦風・渭陽〉曰：「愚嘗謂《序》與毛《傳》、《爾雅》、《史記》諸書，皆各有所本，而《史記》異聞尤多，《詩序》、毛《傳》又在《史記》之前，特下《序》語拙，以致晦翁辨說，其實確有師授，抑容有小誤，不得槩廢之也」〔註43〕，認為下《序》確有師授，不可廢之。又〈邶風・終風〉曰：「續《序》蘇子由刪之，誠為有見，然亦有時可與古《序》（筆者案：即上《序》。）相發明者」〔註44〕，由此可見，龍起濤雖然知道下《序》多附會，但下《序》有時可與上《序》觀點呼應，因此不可貿然廢之。

　　《毛詩補正》論詩多從《詩序》出發，但亦有同意朱熹論詩觀點，以朱熹觀點論詩有 28 首，其中 19 首用來補充上《序》，以完善、堅固《詩序》正統；7 首為更正下《序》說法以完善《詩序》，僅 2 首用以更正《詩序》，筆者統計如下表：

〔註40〕龍起濤：《毛詩補正》，頁 847～848。
〔註41〕龍起濤：《毛詩補正》，頁 1076。
〔註42〕龍起濤：《毛詩補正》，頁 35。
〔註43〕龍起濤：《毛詩補正》，頁 620。
〔註44〕龍起濤：《毛詩補正》，頁 159。

以朱說補充、完善《詩序》	以朱說更正下《序》	以朱說更正《詩序》
〈周南·關雎〉、〈王風·葛藟〉、〈王風·大車〉、〈小雅·魚麗〉、〈小雅·蓼蕭〉、〈小雅·沔水〉、〈小雅·節南山〉、〈小雅·雨無正〉、〈小雅·青蠅〉、〈小雅·采綠〉、〈小雅·黍苗〉、〈大雅·文王〉、〈大雅·崧高〉、〈大雅·烝民〉、〈大雅·韓奕〉、〈大雅·江漢〉、〈大雅·常武〉、〈大雅·瞻卬〉、〈魯頌·有駜〉	〈邶風·日月〉、〈邶風·終風〉、〈檜風·隰有萇楚〉、〈豳風·九罭〉、〈小雅·何草不黃〉、〈大雅·召旻〉、〈魯頌·駉〉	〈大雅·大明〉、〈大雅·縣〉

又《毛詩補正》反對朱熹論詩觀點有 25 首，其中 16 首反對朱熹淫詩說；9 首認為應以上《序》為正，筆者統計如下表：

反對朱熹淫詩說	以上《序》為正
〈邶風·匏有苦葉〉、〈邶風·靜女〉、〈鄘風·桑中〉、〈衛風·氓〉、〈衛風·有狐〉、〈王風·采葛〉、〈鄭風·將仲子〉、〈鄭風·遵大路〉、〈鄭風·有女同車〉、〈鄭風·山有扶蘇〉、〈鄭風·狡童〉、〈鄭風·東門之墠〉、〈鄭風·風雨〉、〈鄭風·出其東門〉、〈陳風·防有鵲巢〉、〈陳風·月出〉	〈召南·摽有梅〉、〈邶風·凱風〉、〈王風·揚之水〉、〈王風·丘中有麻〉、〈鄭風·丰〉、〈鄭風·野有蔓草〉、〈豳風·破斧〉、〈小雅·鹿鳴〉、〈小雅·四月〉

論述至此，可知《毛詩補正》論詩雖參考韓《詩》、朱熹等他說觀點，但多用來補充、更正《詩序》，目的在於為《詩序》解說，而《毛詩補正》以《詩序》為主的論詩觀點，更是顯而易見。

第三節　《毛詩補正》的論詩特色

　　《毛詩補正》論詩方法主要有四，此節將一一論述，以明《毛詩補正》的論詩特色，並兼論其侷限與缺失。

一、固守《詩序》

　　《毛詩補正》論詩以《詩序》觀點為主，往往由《詩序》出發，即使對詩有己見，卻依然跟從《詩序》觀點論詩，難以跳脫。如：〈鄘風·桑中〉，《詩序》曰：「刺奔也。衛之公室淫亂，男女相奔，至于世族在位，相竊妻妾，期於幽遠，政散民流而不可止。」龍起濤案：「《序》以為刺，朱《傳》以為淫者自作，然自作則人心喪盡矣，從《序》為正。」〔註45〕因《詩序》以為「刺

〔註45〕龍起濤：《毛詩補正》，頁 236。

奔」，既然明言為刺，怎會是淫者自作？故龍起濤反對朱子說此詩為「淫者自作」，當以《詩序》為正。因龍起濤同意《詩序》說法，雖言此詩為「遊春踏青之詩」〔註46〕，卻不免還是以《詩序》觀點出發，其論此詩曰：

> 鄭、衛接壤，風俗相同，鄭之〈溱洧〉與此之〈桑中〉一也。〈樂記〉曰：「鄭、衛之音，亂世之音也；桑間、濮上之音，亡國之音也。」朱子謂桑間即此篇，後儒力辨其非，謂桑濮乃紂樂，非指〈桑中〉詩，而不知其音非其地是也。案：桑中在東郡濮陽縣，濮陽在濮水之北，桑間在濮陽之南，本〈樂記〉鄭註，則桑中、桑間同為一地矣。凡音之起，生於人心亦感於人聲，而人聲之感，實本於水土之清濁輕重。師涓之音既出於桑間，孟姜之韻亦譜於桑中，一出於水，一生於人，其為亡國之音一也。若齊之大風，秦之夏聲，唐、魏之勤儉，胥由土風使然，然其國皆足以自強，鄭、衛之間，無興國焉？以其淫也惜乎！幽燕之沈雄，不得一譜於詩，使人讀之也。〔註47〕

龍起濤認同朱子之說〔註48〕，並以鄭玄註解證之，以為桑中即桑間，即〈樂記〉所言的亡國之音，國亡則政散民流，正是下《序》觀點。又龍起濤認為鄭、衛兩國接壤，風俗相同，言鄭、衛不是無法興國，乃因公室淫亂，國家才無法富強，實見龍起濤受下《序》「淫亂」觀點的影響，無法跳脫。

筆者案：今觀詩文，「云誰之思，美孟姜矣」，乃是自問自答。呂珍玉《詩經詳析》注「孟姜」曰：「孟，老大。姜與下文弋、庸皆為貴族姓，此以貴族姓氏泛指美人」〔註49〕，可知詩文中孟姜、孟弋與孟庸，皆非有所指，而此人沉浸在美人的美貌中，無法自拔。「期我乎桑中，要我乎上宮，送我乎淇之上矣」，描寫此人與美人的互動，兩人相約在桑中上宮相見，而後美人亦送此人於淇水之上。詩以第一人稱自敘想像和心儀的美人約期、出遊、相送的約會過程，故朱子說「淫者自作」何嘗不可？龍起濤因為《詩序》言「刺奔」，便反對朱子之說，實有不妥。又龍起濤以此詩為「遊春踏青」之詩，在詩意解讀上，比《詩序》要為接近詩意，但他未於此發揮說解詩意，亦不敢完全推翻

〔註46〕龍起濤：《毛詩補正》，頁237。

〔註47〕龍起濤：《毛詩補正》，頁237～238。

〔註48〕朱熹曰：「〈樂記〉曰：『鄭、衛之音，亂世之音也，比於慢矣。桑間濮上之音，亡國之音也。其政散，其民流，誣上私行而不可止也。』案：桑間即此篇，故小《序》亦用〈樂記〉之語。」見朱熹：《詩集傳》，頁30。

〔註49〕呂珍玉：《詩經詳析》（台北：五南圖書公司，2010年11月），頁107。

《詩序》，又引〈樂記〉來穩固《詩序》，其論詩固守《詩序》，可見一斑。

又如〈衛風・考槃〉，《詩序》：「刺莊公也。不能繼先王之業，使賢者退而窮處。」龍起濤曰：

> 此賢者隱居之樂也。萬茂先曰：「其地兩山夾水，其上有陸，其旁有阿，結廬於此，山高泉香，雲舒霞卷，天地非大，吾心非小，真所謂碩人之寬也。於是樂而寐，寐而寤，寤而言，言而又歌，歌而又宿，無往不獨，無往不樂，魂清夢穩，不知世之有古今。無論軒綖矣，弗諼泉石之盟也，弗過烟霞之癖也。弗告者，此中有真意，欲辨已忘言，不足為外人道也。」孔子曰：「吾於〈考槃〉見遯世之士，无悶於世。」愚謂此固无悶之士，能自樂其樂者矣，然非石隱者流也。觀末章特露一軸字，軸者可以進，可以退，賢者用則行，舍則藏，執軸而運，豈有成心哉？堯、舜在上，下有巢、由，然使人盡巢、由，則其世可知矣。《序》刺莊公，詩美賢者，美在此則刺在彼矣，君子是以知衛之不競也。〔註50〕

龍起濤引萬茂先說法，以明此詩乃隱士之詩，又引孔子論此詩：「吾於〈考槃〉見遯世之士，无悶於世」，知此詩之隱者遯世而無憂，詩意一目了然。然而何以得知隱士乃賢者？龍起濤認為末章特露一軸字，軸者可進可退，以軸喻賢者，進則行、退則藏，此亦是下《序》「賢者退而窮處」之意，故龍起濤以為此詩乃「賢者隱居之樂也」。又龍起濤以堯、舜兩人讓位巢父、許由，但兩人皆不受為喻，言「其世可知矣」，以明《詩序》「刺莊公」之因，故曰：「《序》刺莊公，《詩》美賢者，美在此則刺在彼矣，君子是以知衛之不競也。」

筆者案：龍起濤受到《詩序》所囿，論詩難以跳脫《詩序》觀點，並以堯、舜、巢父與許由一事談此詩，於詩意加以延伸。筆者以為巢父與許由之所以不肯接受堯、舜的讓位，乃是因其不想被政治所囿、被政治所汙染，故寧願遠離政治，保持其身潔白，絕非因世道混亂，身處亂世而不仕。龍起濤以此事為喻，言人盡如巢父、許由隱而不仕，可知當時衛國風氣，以符合《詩序》「刺莊公」觀點，但不能說他完全錯誤，因巢父、許由之所以不仕，古來意見不一，龍起濤之說亦是一解，但由此可見，龍起濤對此詩的體會仍是主《詩序》觀點，賢者之所以遯於世，乃因莊公所引起。

〔註50〕龍起濤：《毛詩補正》，頁 277～278。

　　又如〈邶風・簡兮〉，龍起濤案：「此詩言萬舞是本旨，刺不用賢是言外意。」〔註51〕龍起濤對此詩的體會是言萬舞，但仍無法跳脫《詩序》「刺不用賢」的觀點，於是言「刺不用言賢是言外意」，以附會《詩序》。然觀看詩文，筆者以為乃敘述舞者跳舞過程，並描寫其舞之狀，後美其舞者，全詩何來刺意？《詩序》言刺，乃承續其一貫以政治、美刺的論詩態度。王靜芝論此詩曰：

　　　　案：《詩序》云：「簡兮，刺不用賢也。衛之賢者，仕於伶官，皆可以承事王者也。」朱《傳》謂賢者自言。皆囿於刺之一字，乃為附會。揆其詞則美舞之詩而已。」〔註52〕

筆者以為王靜芝所言極是。

　　《毛詩補正》固守《詩序》觀點，雖有己見，卻仍主《詩序》觀點論詩，從《詩序》出發，這現象隨處可見，今礙於篇幅無法一一細說，僅例舉幾首詩來說明其論詩之迂。又《毛詩補正・自序》曰：「欲掃除一切，推求原本，以存此經真面目。」〔註53〕龍起濤此言，似乎對《詩經》有自己的見解，以求還此經真面目，然從他固守《詩序》來看，他所謂的掃除一切，似乎是指異於《序》說的歷代注家論點，而此經之原本真面目則為《詩序》，可見《毛詩補正》是一部闡明、補正毛《詩》的論著。

二、論詩與史、傳相貫通

　　《毛詩補正・凡例》：「篇末發明大旨，多案時勢以立言，與史、傳相貫通，一掃經生家迂談，以為論世知人之助。」〔註54〕可知龍起濤論詩，除了以《詩序》觀點為主，亦多由史、傳方面尋求解釋。也因為龍起濤有這種想法，故其論詩往往有以史論詩的現象，如：〈王風・葛藟〉，《詩序》：「王族刺平王也。周室道衰，棄其九族焉。」龍起濤案：

　　　　《左傳》：「宋昭公欲去羣公子，樂豫曰：『不可。公族，公室之枝葉也，若去之則本根無所庇廕矣。葛藟猶能庇其本根，況君之寵弟乎？』」則葛藟自是此詩託興之義。必由平王東遷，王族從王徙洛者，以犬戎之難，流離失所，抑或宗支繁衍，朝廷困於供給，

〔註51〕龍起濤：《毛詩補正》，頁195。
〔註52〕王靜芝：《詩經通釋》（台北：輔仁大學文學院，1991年10月），頁104。
〔註53〕龍起濤：《毛詩補正》，頁2。
〔註54〕龍起濤：《毛詩補正》，頁13。

以至窮苦無聊。漢、唐之末造常有之，《序》以為王族刺平王，殆
不誣也。〔註55〕

《詩序》言此詩「王族刺平王也。周室道衰，棄其九族焉」，龍起濤將此詩與
《左傳》記載相提並論，認為文公七年，宋昭公欲去群公子一事，樂豫言「葛
藟猶能庇其本根，故君子以為比，況國君乎？」於史有徵，以《左傳》證《詩
序》觀點，再以漢、唐末年，常有王族窮困流離之事，堅固《詩序》之說，故
論此詩曰：

> 《序》曰：「王族刺平王也。」西戎之禍，凡王族在鎬京者，多與其
> 難，其從王於洛者，又多流離瑣尾，不堪言狀。平王於喪亂之秋，
> 未能訪求而安輯之，故此詩一則曰「謂他人父」；再則曰「謂他人
> 母」；終則曰「謂他人昆」，殆王族自鬻其身，與轉鬻其子者，正少
> 陵所云：「問之不肯道姓名，但道困苦乞為奴者也。」……予讀《明
> 史‧宗室傳》，其末年丁口日繁，貧窶特甚，至有終身不能命一名、
> 取一婦者，至崇禎間始開應試入仕之途，然已晚矣。蓋宗支繁衍，
> 又絕其謀生之路，其勢不復能相顧問也。以一統全盛而猶如此，況
> 其在平、桓之世，下同於列國哉？況其在兵燹荒年之後哉？吁以文、
> 武、成、康之子孫而流落至此，君子不能不追思〈棠棣〉、〈行葦〉
> 之盛也。〔註56〕

龍起濤認為此詩寫成於西戎之禍後，王族有人因此流離失所，或謂王自鎬京
東遷洛邑，王族隨王遷徙，但在兵燹荒年之後，朝廷自顧不暇，無力供給王
族，而王族作此詩刺平王。又以《明史‧宗室傳》記載，言當時明朝一統盛
世，宗室猶有貧窶之人，更何況是東遷之後，周王地位下降等同列國，周王
自顧不暇，何來能力照顧宗族？故王族刺之。

　　筆者案：《毛詩補正》的解詩標準，就是以《詩序》觀點為主，即使有自
己的見解，也不多談論，主要還是闡述《詩序》意見。今觀〈王風‧葛藟〉，
全詩描寫流離之痛，詩人見河邊綿延的葛藟，想到自己遠離兄弟，故以葛藟
起興。而後即使以父、以母、以兄〔註57〕稱呼他人，仍遭他人冷漠以對，於

〔註55〕龍起濤：《毛詩補正》，頁346。
〔註56〕龍起濤：《毛詩補正》，頁348～349。
〔註57〕屈萬里釋昆為兄也。見屈萬里：《詩經詮釋》（台北：聯經出版公司，2006年
　　　　10月），頁129。

是作此詩自傷，生動刻劃出流離失所的心聲。《詩序》言刺，但全詩似無刺意，更無下《序》所謂「周室道衰，棄其九族」之語，龍起濤為了使《詩序》之說有所依憑，於是引《左傳》宋昭公欲去群公子事以為詩之本事。筆者以為，樂豫之所以提到葛藟，乃是因為葛藟綿延不絕，猶能庇其本根，引用葛藟的形象，勸退宋昭公欲去群公子的想法，《左傳》引《詩》為說，而龍起濤反過來以《左傳》印證《詩序》，企圖為《詩序》找到合理的背景，但是像這樣論詩必與史、傳相合之詮釋方法，有時難免附會牽合。

　　又如〈齊風·猗嗟〉，《詩序》：「刺魯莊公也。齊人傷魯莊公有威儀技藝，然而不能以禮防閑其母，失子之道，人以為齊侯之子焉。」龍起濤案：

> 下《序》末句因詩中「展我甥兮」一句而發，其實桓三年，夫人姜氏至自齊；六年九月，子同生；十八年，乃與夫人如齊，其非齊侯子無疑。《公羊》謂「夫人譖公於齊侯曰：『同非吾子，齊侯之子也。』齊侯怒遂賊公」，蓋必當時有盛傳為齊侯子者，至此而疑始釋也，故曰「展我甥兮」。〔註58〕

龍起濤此言乃是反對下《序》「人以為齊侯之子焉」，文姜於桓公三年嫁至魯國，而魯莊公在桓公六年出生，依此推之，莊公應非齊侯之子。龍起濤認為下《序》之所以有「齊侯之子」句，乃是受《公羊》「夫人譖公於齊侯，公曰：『同非吾子，齊侯之子也。』」所誤導，朱子亦曰：「莊公誠非齊侯之子也。」〔註59〕王靜芝論此曰：「此事為文姜譖語，焉可以說詩？《詩序》據此，大為不妥。」〔註60〕筆者以為文姜譖齊侯一事，《公羊》記之，知當時或有其事。

　　龍起濤又案：「莊之四年，《春秋》書『公及齊人狩于禚。』莊即位後，始見齊襄，故篇中多乍見之辭，狩有射，故屢言射。」〔註61〕龍起濤將莊公與齊人狩於禚一事，納入論詩觀點中，認為此次狩獵，魯莊公必與齊襄公會面。又詩文有「展我甥兮」，故龍起濤以為此詩乃「此刺魯莊與齊襄狩于禚也」〔註62〕，並論此詩曰：

> 穀梁子曰：「《春秋》書公及齊人狩于禚，刺釋怨也，父母之讎，不

〔註58〕龍起濤：《毛詩補正》，頁487。
〔註59〕朱熹：《詩集傳》，頁62。
〔註60〕王靜芝：《詩經通釋》，頁225。
〔註61〕龍起濤：《毛詩補正》，頁487。
〔註62〕龍起濤：《毛詩補正》，頁490。

共戴天。」今莊公與齊侯有不共之讎，則無時焉可通也？而與之通是忘親釋怨，非人子矣。汪氏克寬曰：「《公羊》記柯之盟將會，公謂曹子曰：『寡人之生則不若死矣』，自傷與齊為讎，不能復也。然則禚之狩，盍亦興念及此耶？」今讀是詩，莊公身則頎而長也，眉則清而揚也，趨蹌巧而威儀成也。《公羊》記宋萬之言曰：「甚矣！魯侯之淑，魯侯之美也，天下諸侯宜為君者，獨魯侯耳！」則非齊人之虛譽也。而尤莫良於射，一則曰「臧」，再則曰「貫」，終日射而不出，正其技之精如此，此所為以金僕姑獲南宮萬也。萬、孟賁、慶忌之流也，而公能以射禽之，則又非齊人之虛譽也。惜乎不能以射宋萬之僕姑，一貫齊襄之胸，而且反顏以事讎，莊於是乎無羞惡之心矣。詩人美之，蓋以深惜之矣。〔註63〕

龍起濤以為〈猗嗟〉為刺魯莊與齊襄狩於禚，此觀點主要以《詩序》「刺魯莊公」為主，並參以《左傳》「公及齊人狩于禚」之事，與詩文「展我甥兮」句而得。又引穀梁子與汪克寬的說法來強化自己的觀點，再以《左傳》「莊公十一年，公以金僕姑射南宮萬」一事，強調莊公射技之精。然而莊公有如此精良之射技，卻願意與齊襄公一同狩於禚，實在無羞惡之心，故詩人美之蓋以深惜之。

　　筆者案：〈猗嗟〉一詩，龍起濤以為「刺魯莊與齊襄狩于禚」，然觀詩文，此詩描寫人物之外觀，並言其射技之精，全文皆溢美之詞，何來刺意？《詩序》言刺，似過牽強。龍起濤論此詩，參考《左傳》史事，以明此詩人物，但以《詩序》「刺之」觀點論詩，於詩意不合；又言「詩人美之，蓋以深惜之矣」，但全詩皆無深惜之感，且詩文「展我甥兮」乃是驕傲之辭，更可感受到魯莊公得人疼愛，龍起濤之論，於詩意作了一些延伸與轉折，以求與史、傳相貫通。

　　龍起濤論詩喜與史、傳相貫通，〈唐風・綢繆〉，《詩序》：「刺晉亂也。國亂則婚姻不得其時焉。」龍起濤引《左傳》「惠之二十四年，晉始亂」〔註64〕，加強《詩序》觀點。又如〈陳風・防有鵲巢〉，《詩序》：「憂讒賊也。宣公多信讒，君子憂懼焉。」龍起濤言「《史記》載宣二十一年，公有嬖妾生子款，欲立之乃殺其太子禦寇，禦寇素愛公子完，完懼禍及己乃奔齊」〔註65〕，以證

〔註63〕龍起濤：《毛詩補正》，頁491～492。
〔註64〕龍起濤：《毛詩補正》，頁547。
〔註65〕龍起濤：《毛詩補正》，頁654。

《詩序》之宣公信讒。龍起濤論詩喜用史料補《詩序》，或以歷史論詩，尤其徵引《左傳》最多，但其亦有自相矛盾之處。如〈王風‧大車〉，龍起濤說：「或疑與《左氏》所載不同，不知《孟子》子濯孺子一事，亦與《左氏》不同。傳聞異詞，《左氏》之言亦未盡可據。」〔註66〕既然《左傳》未盡可據，則《毛詩補正》引《左傳》史事證詩的標準，就很難說服於人。又〈豳風‧鴟鴞〉，《詩序》：「周公救亂也。成王未知周公之志，公乃為詩以遺王，名之曰：『鴟鴞』焉。」龍起濤案：

> 近時惲子居引〈蒙恬傳〉及《竹書紀年》、《越絕書》以證之，不知此皆戰國、秦、漢間雜說，現有〈金縢〉居東一句，即是實據。〔註67〕

龍起濤在〈鴟鴞〉已言《竹書紀年》乃戰國、秦、漢間雜說，當以《尚書‧金縢》為主，反對《竹書紀年》與其他史書，但龍起濤又於〈小雅‧出車〉〔註68〕與〈小雅‧何人斯〉〔註69〕兩篇，以《竹書紀年》證《詩序》並論詩，其自相矛盾且引史書材料的標準實在令人費解。

《毛詩補正》以史論詩的方法是有問題的，如〈小雅‧采薇〉，《詩序》：「遣戍役也。文王之時，西有昆夷之患，北有玁狁之難，以天子之命，命將帥遣戍役，以守衛中國。」龍起濤案：

> 《漢書‧匈奴傳》以〈采薇〉為懿王詩，〈出車〉為宣王詩。《史記‧匈奴傳》又合〈出車〉與〈六月〉為襄王詩，或別出三家，或轉寫譌誤，均未可知。《序》出在先，紛紛之說可不論也。〔註70〕

《漢書》與《史記》對〈采薇〉的時代有所質疑，與《詩序》不同調，有其他不同的看法，但龍起濤仍以《詩序》為主，說「《序》出在先，紛紛之說可不論也。」又龍起濤案：

> 《逸周書》敘文王立，西拒昆夷，北備玁狁，此正其事。朱子初說亦同，後作《序辨說》，又疑為未必文王詩，自以仍從古《序》及初說為安。〔註71〕

龍起濤為了證明《詩序》觀點為正，以《逸周書》證《詩序》，又提到朱子本

〔註66〕龍起濤：《毛詩補正》，頁353。
〔註67〕龍起濤：《毛詩補正》，頁733～734。
〔註68〕龍起濤：《毛詩補正》，頁810。
〔註69〕龍起濤：《毛詩補正》，頁1021～1022。
〔註70〕龍起濤：《毛詩補正》，頁804。
〔註71〕龍起濤：《毛詩補正》，頁804。

從《序》說，後來疑《序》，今日當以《詩序》及初說為準，反對朱子疑《序》。

筆者案：由《詩序》可知，〈采薇〉的成詩時代應為文王，但《漢書》、《史記》則認為作於懿王、襄王，朱子本從《詩序》，後疑《詩序》，認為未必為文王詩。龍起濤排除眾議，認為《序》出最早，其他皆可不論，當以《詩序》為正，又引《逸周書》記載證《詩序》，〈采薇〉一詩，成詩時間眾說紛紜。今人屈萬里據王國維〈鬼方昆夷玁狁考〉一文，知此詩非成於文王，屈萬里案：

> 玁狁一名，西周中葉以後始有之，殷末及周初稱鬼方。詩中屢言玁
> 狁，知此乃西周中葉以後之詩；舊謂作於文王時者，非也。〔註72〕

屈萬里說殷末與周初稱玁狁為鬼方，直到西周中葉始有玁狁，可知〈采薇〉一詩，非如《詩序》所說，作於文王時。龍起濤為了完善《詩序》，以《逸周書》附會，並以《序》出最早的觀點推翻他書，但《詩序》也未必可以作為論詩準則，王靜芝論《詩序》曰：

> 《詩序》之作者為誰，雖難確定，但於詩之本身尚無重大之關係。
> 其問題乃在《詩序》所言詩之主旨，往往為猜度、造作、牽強附會
> 之語，與原詩實難應合。若《詩經》首篇〈關雎〉，顯為咏君子淑女
> 相求以至結婚之詩。而《詩序》竟云：「后妃之德也。」次篇〈葛覃〉，
> 為婦人自咏嫁後生活之詩，而《詩序》謂為「后妃之本也。」皆顯
> 然與詩不合。《詩序》之所以如此說者，非作《序》之人不能知詩也，
> 而是作《序》之人故為此說，以應當時之需要耳。蓋作詩之人，有
> 其用意；采詩之人，又有其用意；而作《序》之人，則更別有其用
> 意也。〔註73〕

王靜芝明言《詩序》於詩之本身並無重大之關係，但《詩序》往往猜度、造作、牽強附會，點出《詩序》不合理之處，並言《詩序》之所以如此，乃是因應當時政治、社會之需要，身分不同的人，各依自己的視域來解詩。屈萬里亦言：

> 至於毛《詩序》所說各首詩的大義，可信的很少。所以從歐陽修以
> 後的學者，常常有人批評它的錯誤。鄭樵的《詩辨妄》，朱子的《詩
> 序辨說》，把《詩序》攻擊得幾乎體無完膚。從此以後，除了少數固

〔註72〕屈萬里：《詩經詮釋》，頁295。
〔註73〕王靜芝：《詩經通釋》，頁18。

守家法的人之外，已很少人再全部信從《詩序》了。〔註74〕
屈萬里此言，直接點出《詩序》的可信度低。民國以來學者，受到五四、古史辨等新思潮說《詩》廢《序》的影響，多否定《詩序》的價值，檢討《詩序》客觀存在的一些缺點〔註75〕。《毛詩補正》以《詩序》論詩，並以史書附會，可知其奉《詩序》為圭臬外，亦見其為《詩序》解套所作的努力。

以上所論，可見《毛詩補正》論詩與史、傳相貫通，是其特色亦是缺失，更是另一種固守《詩序》的表現。龍起濤為了完善《詩序》，不惜以史書附會，以史論詩的結果，往往是詩意的延伸，而固守《詩序》的觀點，更見龍起濤解詩尊《序》，近於保守。

三、論詩必審其世與人

龍起濤認為「誦詩讀書貴於論世」〔註76〕，故《毛詩補正·自序》：「末復總發一篇大旨，必審其世與人以出之，而以詩評發其趣。」〔註77〕龍起濤論詩喜與史、傳相貫通，上文已論其缺失，而論詩必審世與人，必然亦有其缺點，如：〈召南·羔羊〉，《詩序》：「〈鵲巢〉之功致也。召南之國，化文王之政，在位皆節儉正直，德如羔羊也。」龍起濤案：「周之臣子節儉正直，無逾召公，此詩當為美召公之詞」〔註78〕，其論此詩曰：

> 此詩似美召公之詞。周之開國以周、召為元勳，故詩以冠二〈南〉，其後〈豳〉終於周，〈雅〉終於召，周之盛衰以二公始終焉。東人之頌周公也曰「袞衣」，而狀其容止則曰「几几」；南國之頌召公也曰「羔羊」，而狀其容止則曰「委蛇」，蓋二公皆耆輔宿德，其從容自得之貌，極有相似者，非他人能有此丰度也。詩之美刺往往不直指其人，而但言其人之衣服、容止，使人自思而得之。〈羔羊〉接〈甘棠〉、〈行露〉兩篇，殆皆為召公作也。〔註79〕

龍起濤以為周之開國以周公、召公為元勳，兩公皆耆輔宿德，非他人能有此

〔註74〕屈萬里：《詩經詮釋·緒論》，頁20。
〔註75〕張西堂提出《詩序》的十大缺點：雜取傳記、疊見重複、隨文生義、附經為說、曲解詩意、不合情理、妄生美刺、自相矛盾、附會書史、誤解傳記。見張西堂：《詩經六論》，頁133～139。
〔註76〕龍起濤：《毛詩補正》，頁1100。
〔註77〕龍起濤：《毛詩補正》，頁3。
〔註78〕龍起濤：《毛詩補正》，頁104。
〔註79〕龍起濤：《毛詩補正》，頁107～108。

風度,故〈九罭〉為美周公之詩,〈羔羊〉實為美召公之詩,周之盛衰以二公始終焉。筆者以為龍起濤以〈羔羊〉為美召公之詩,是因〈甘棠〉、〈行露〉兩詩《詩序》屢提及召伯,而〈羔羊〉在兩詩之後,龍起濤受《詩序》影響;又因〈羔羊〉收錄於召南,召南為召公采邑,而《詩序》言「節儉正直,德如羔羊也」,於是龍起濤將之附會於召公。

今觀此詩,並未提及召公,此詩詩文描述官吏自公退食與其自得之貌,實與召公沒有太大關係。〈甘棠〉因詩中提及召伯,故《詩序》曰:「美召伯也」,舊皆以為召伯為召公,屈萬里《詩經詮釋》曰:

> 召伯,召穆虎也。早期經籍,於召伯虎或稱公,而絕無稱召公奭為伯者。召伯之稱,又見於〈小雅·黍苗〉及〈大雅·崧高〉,皆謂召虎;而〈大雅·江漢〉之篇,於虎則曰召虎,於奭則曰召公,區別甚明。舊以此詩為美召公奭者,非是。〔註80〕

由屈萬里的考辨可知舊說有誤,而龍起濤承舊說並論〈羔羊〉為美召公,實為有誤。王靜芝《詩經通釋》論此詩曰:

> ……《詩序》之說,可取在節儉正直。至德如羔羊,不免附會。……
> 此詩一寫衣服,一寫退食,純為美南國大夫燕居生活之情況也。
> 〔註81〕

筆者以為王靜芝所言極是。龍起濤對〈羔羊〉雖有自己的見解,但論詩必審世與人,為此與召公結合,顯得有些勉強;又龍起濤以〈羔羊〉在〈甘棠〉、〈行露〉之後,必與召公有關的論點亦難以說通。他在論〈鄘風·蝃蝀〉時說「不知經秦火後,篇次之亂也久矣」〔註82〕,以切割〈蝃蝀〉與〈定之方中〉的相關性〔註83〕,既然篇次經秦火之後亂已久,也就不能如此肯定〈羔羊〉與〈甘棠〉、〈行露〉的關係,對於這些詩篇何以相承?他並未提出可說服於人的理據。

又如〈邶風·北風〉,《詩序》:「刺虐也。衛國並為威虐,百姓不親,莫不

〔註80〕屈萬里:《詩經詮釋》,頁28。
〔註81〕王靜芝:《詩經通釋》,頁66。
〔註82〕龍起濤:《毛詩補正》,頁250。
〔註83〕龍起濤案:「或以篇次(筆者案:〈蝃蝀〉。)在〈定中〉後,當屬文公時,不知經秦火後,篇次之亂也久矣,以意逆志,即以為刺宣公可也。」見龍起濤:《毛詩補正》,頁250。

相攜持而去焉。」龍起濤說:「狄將侵衛,衛之君子知而相攜避之。」〔註84〕
龍起濤之所以認為此詩是「狄將侵衛」,乃自第三章「莫赤匪狐,莫黑匪烏」
而來,他說:

> 赤狐黑烏喻狄人也。狄無禮義,不冠帶,有赤狄、白狄各種,故以
> 赤狐黑烏喻之。〔註85〕

龍起濤將「莫赤匪狐,莫黑匪烏」喻為即將來犯的狄人,且有赤狄、白狄不同
色的人種,其論此詩曰:

> 避亂也。狄將侵衛,衛人一無所備,知幾之士,引而去之,故歌〈北
> 風〉以警之也。其歌北風何也?……今狄在北,衛在南,狄人將至,
> 故歌北風也。曰「其涼」,言狄之勁也,曰「其喈」,言勁而有聲也,
> 加以雨雪,言其眾之盛也。赤狐黑烏滿目皆是,非吾冠帶之倫
> 也。……〈北門〉之大夫,既覯錤鐍而憂心,〈北風〉之詩人,復因
> 雨雪而攜手,而衛以不國矣。〔註86〕

龍起濤以北風喻狄人將至,其涼言狄之勁,其喈言勁而有聲,加以雨雪,言
其眾之盛,赤狐烏黑滿目皆是,於詩意上體現個人觀點,並申詩文之意;另
與〈邶風‧北門〉相發明,以為〈北門〉為「丈夫掌北門之管,憂狄人之破黎
而遂及衛也」〔註87〕,〈北風〉則是「狄將侵衛,君子知而相攜避之」,將〈北
門〉、〈北風〉兩首詩放在一起論述,知「衛以不國矣」。

　　筆者案:龍起濤將〈北風〉解為「狄人將侵衛,衛之君子知而相攜避之」,
於詩意並無太大衝突,但為了達到審世的觀點,將狐、烏解為狄人,又受字
面所囿,遂有赤狄、白狄不同色種之異,未免過於牽強。毛亨解「莫赤匪狐,
莫黑匪烏」曰:「狐赤烏黑,莫能別也」〔註88〕,所指人事義不明,鄭玄則曰:
「赤則狐也,黑則烏也,猶今君臣相承,為惡如一」〔註89〕,點出君臣相為
惡之意。孔穎達《毛詩正義》曰:

> 衛之百姓疾其時政,以狐之類皆赤,烏之類皆黑,人莫能分別赤以

〔註84〕龍起濤:《毛詩補正》,頁207~208。
〔註85〕龍起濤:《毛詩補正》,頁209。
〔註86〕龍起濤:《毛詩補正》,頁209~210。
〔註87〕龍起濤:《毛詩補正》,頁206。
〔註88〕(漢)毛亨傳、(漢)鄭玄箋、(唐)孔穎達疏:《毛詩正義》,收錄於李學勤
　　　　主編:《十三經註疏整理本》,頁204。
〔註89〕(漢)毛亨傳、(漢)鄭玄箋、(唐)孔穎達疏:《毛詩正義》,收錄於李學勤
　　　　主編:《十三經註疏整理本》,頁204。

為非狐者，莫能分別黑以為非烏者，由狐赤烏黑，其類相似，人莫
能別其同異，以興今君臣為惡如一，似狐、烏相類，人以莫能別其
同異。言君惡之極，臣又同之，己所以攜持而去之。……狐色皆赤，
烏色皆黑，以喻衛之君臣皆惡也。〔註90〕

孔穎達《正義》說狐狸之類皆赤，烏鴉之類皆黑，人們難以從中區分紅色而
非狐狸，黑色而非烏鴉者，以興君臣之為惡如一。朱熹《詩集傳》說：「皆
不祥之物，人所惡見者也。所見無非此物，則國將為亂可知。」〔註91〕屈萬
里《詩經詮釋》則說：「蓋即天下老鴉一般黑之意，所以諷執政之人也。」
〔註92〕筆者以為鄭玄、孔穎達、朱熹與屈萬里對赤狐黑烏的看法，都較龍
起濤無端於文字外生出狄近乎詩意。反觀龍起濤對〈北風〉詩義之解說雖有
己見，但其論赤狐黑烏另生枝節，強將赤狐黑烏解釋為狄人，雖與詩意不衝
突，但赤狄、白狄之說，釋義迂迴曲折，於文外生意，大概很難說服於人。

由上述可見，《毛詩補正》論詩必審其世與人，論點甚好，但往往過於牽
強穿鑿，亦偶與己見自相矛盾，而犯下一些疏失。

四、以《御纂詩義折中》斷諸儒聚訟

《毛詩補正‧凡例》：

《御纂詩義折中》於漢、宋學無所偏主，實集詩教大成。今於諸儒
聚訟者，以《折中》斷之，使刪定之旨如日中天。〔註93〕

對於一些爭論無解的詩篇，龍起濤往往以《御纂詩義折中》的觀點論詩，如：
〈召南‧摽有梅〉，龍起濤案：「《御纂詩義折中》以此詩為求賢之作，斯足以
掃漢儒之腐論，而開百代之心目矣。」〔註94〕他以《御纂詩義折中》斷〈摽
有梅〉，以為「求賢之作」曰：

父母為女求婿也。男子生而願為之有室，女子生而願為之有家，父母
之心，人皆有之，於此詩見之矣。……竊以為父母欲求婿以託其女，
與君王欲求賢以撫其民，其用心一也。〈關雎〉之章，求賢於內也，

〔註90〕（漢）毛亨傳、（漢）鄭玄箋、（唐）孔穎達疏：《毛詩正義》，收錄於李學勤
　　　　主編：《十三經註疏整理本》，頁204。
〔註91〕朱熹：《詩集傳》，頁26。
〔註92〕屈萬里：《詩經詮釋》，頁75。
〔註93〕龍起濤：《毛詩補正》，頁12～13。
〔註94〕龍起濤：《毛詩補正》，頁112。

〈卷耳〉之章，求賢於外也。賢何以求？亦求之於庶士而已。〔註95〕

將〈摽有梅〉一詩由女子急於求婚延伸至父母為女求壻，又延伸至君王求賢安撫其民，以為用心並無二致，並將〈摽有梅〉與〈關雎〉、〈卷耳〉對照，言〈關雎〉求賢於內，〈卷耳〉求賢於外，賢何以求？亦求之於庶士而已。龍起濤引《御纂詩義折中》之見，將〈摽有梅〉、〈關雎〉、〈卷耳〉等詩都說成求庶士的求賢詩，詮詩的政治色彩稍濃，教化意味也多了些。

又如〈小雅‧黃鳥〉，《詩序》：「刺宣王也。」龍起濤案：

此詩毛、鄭以為棄婦之詞，蘇氏以為賢者不得志而去，惟《折中》謂「有邦有族，此列國之命卿大夫也。大夫失位，託於異邦，思有以明其事，或依以處其身而皆不可，故作此詩」，斯足以開羣蒙矣。蓋毛、鄭失之陋，朱與蘇失之泛，皆無當於〈雅〉也。雅者，正也，言王政也，豈可以棄婦及旅民當之哉？故鴻鴈之子，斷以侯、伯、卿、士為是，而此詩則以命卿大夫為是，特正之。〔註96〕

龍起濤引《御纂詩義折中》的觀點來談此詩，反駁毛、鄭、朱、蘇，他認為雅者即王事，既然是王事，當然與王有關係，此詩收入〈小雅〉，自然不可能是棄婦、人民這種無關王之小事，故以《御纂詩義折中》斷此詩為「大夫失位，託於異邦，思有以明其事，或依以處其身而皆不可，故作此詩」，不僅將詩的層次提高至列國與卿大夫，平眾儒之紛擾，也看到他說《詩》包裹著更多的政治色彩。

以《御纂詩義折中》斷詩，除了是《毛詩補正》的特色外，更透露一項訊息：《毛詩補正》是一本以漢學為中心思想的論著。《御纂詩義折中》於乾隆二十年（西元 1755 年）敕編，乃是一部官方著作，當時的《詩經》研究風氣，正是反對朱說而回歸漢學的時代，《御纂詩義折中》作為一部官方著作，在當時的政治、社會風氣影響下，自然偏向漢學。《四庫全書總目提要》說：

體例與《周易述義》同，訓釋多參稽古義，大旨亦同。……於《詩集傳》所釋蝃蝀之義，詳為辨證，並於所釋〈鄭風〉諸篇，概作淫詩者，亦根據毛、鄭訂正其訛。反覆一二百言，益足見聖聖相承，心源如一。是以諸臣恭承彝訓，編校是書，分章多準康成，徵事率

〔註95〕龍起濤：《毛詩補正》，頁 113～114。
〔註96〕龍起濤：《毛詩補正》，頁 919。

　　　　從小《序》，使孔門大義，上溯淵源。〔註97〕

由此可知，《御纂詩義折中》雖有論及《詩集傳》內容，但多依毛、鄭訂正其誤，且分章多準康成，徵事率從小《序》，使孔門大義，上述淵源，可看出《御纂詩義折中》偏向漢學。皮錫瑞亦曰：「今鴻篇鉅製，照耀寰區；頒行學官，開示蒙昧；發周、孔之蘊，持漢、宋之平。承晚明經學極衰之後，推崇實學，以矯空疏，宜乎漢學重興，唐、宋莫逮」〔註98〕，洪湛侯更明白指出，「此書可以看作官方提倡《詩》學從宗朱返回尊崇毛鄭的一個重要信號。」〔註99〕龍起濤以《御纂詩義折中》斷諸儒聚訟，並以《御纂詩義折中》觀點論詩，其治經態度偏向漢學已相當明顯，實非其所言「於漢、宋學無所偏主」了。

　　以上所述，可見《毛詩補正》論詩多從《詩序》與《御纂詩義折中》出發，論詩雖有個人特色，但不免諸多缺失存在。整體而言，《毛詩補正》在解詩方面並無太多突破，傳統守舊的論詩態度，使此書有所侷限。

〔註97〕（清）紀昀總纂：《四庫全書總目提要》（石家莊：河北人民出版社，2003 年
　　　　3 月），頁 445。
〔註98〕（清）皮錫瑞、（民國）周予同注釋：《經學歷史》，頁 295。
〔註99〕洪湛侯：《詩經學史》，頁 482。

第四章 《毛詩補正》的補正內容探討

　　《毛詩補正》，顧名思義即是補充、更正毛《詩》，龍起濤在〈自序〉說：
「舊註簡者補之，惧者正之」〔註1〕，可知其撰書用意，主要為補充和更正毛
《詩》舊註。毛《詩》自漢代始，先有毛亨《傳》、鄭玄《箋》，後有孔穎達
《疏》，但歷代以來，毛《詩》注疏多如牛毛，以毛《詩》為書名者亦多。就
清代著名的《詩經》研究者就有戴震《毛鄭詩考正》、焦循《毛詩補疏》、胡承
珙《毛詩後箋》、馬瑞辰《毛詩傳箋通釋》、陳奐《詩毛氏傳疏》等書，內容多
少對毛《傳》、鄭《箋》與孔《疏》作彌合、補充與修正，在前人已對毛《詩》
作出諸多詮釋的情況下，龍起濤仍在精讀毛《詩》之餘，為之補正，那麼他是
如何繼這些著名的學者之後，為毛《詩》補正的呢？這是本章企圖予以探討
的重點。

第一節　補充毛《傳》

　　《毛詩補正・凡例》：

> 毛《傳》高簡，鄭氏箋之、孔氏疏之，其《箋》、《疏》所未及者，
> 用朱《傳》補之；朱《傳》未當者，採他說補之，務有根據，不拘
> 一家。〔註2〕

可知《毛詩補正》主要以毛《傳》為主，當毛亨訓解過於簡略，則以朱《傳》
補充，如朱《傳》不恰當，再以他說補之，此書採用舊注標準清楚明瞭。《毛

〔註1〕龍起濤：《毛詩補正》，頁3。
〔註2〕龍起濤：《毛詩補正》，頁12。

詩補正》補充毛《傳》的方法主要有三：疏解毛義、補充他說、增補未注，以下將分別討論之，但礙於全書手法皆同，故僅舉數例以為說明。

一、疏解毛義

《毛詩補正》疏解毛義主要有兩種方式：為毛《傳》作注與證明《傳》義。為毛《傳》作注，乃因毛亨注解字詞時，用語過於簡略，《毛詩補正》補充他書為毛注解釋；證明《傳》義，則是針對毛《傳》的注解，補充他書證據，以證毛亨之注無誤。

（一）為毛《傳》作注

毛亨為《詩經》字詞作訓解，但毛亨注解有時使用字詞過於簡略，導致無法一眼明白被訓字詞的意思，《毛詩補正》特別針對這些情形加以作注，以達到補充毛《傳》之效，如：

1.〈邶風‧柏舟〉，第一章「耿耿不寐」，毛《傳》：「耿耿，猶儆儆也。」《毛詩補正》：朱：「耿耿，小明，憂貌。」輔氏曰：「人有所憂，則其心耿耿然，惟於憂之一路分明耳。」一本作炯炯不寐。〔註3〕

筆者案：毛亨注耿耿猶儆儆，語義不明，《毛詩補正》補朱熹說法，耿耿即憂貌，又補輔廣之說與異文，達到補充之效。呂珍玉《詩經詳析》注耿耿：「魯《詩》作炯，與耿字音義並同。憂心焦灼之貌。」〔註4〕由呂注可知，《毛詩補正》補魯《詩》異文，以供讀者參考。

2.〈邶風‧泉水〉，毛《傳》：「祖而舍軷，飲酒於其側曰『餞』。」龍起濤案：「出行祭道神曰軷。」〔註5〕

筆者案：《毛詩補正》為軷作解釋，軷乃出行祭道神，然而龍氏注解又稍嫌不明，不如《毛詩正義》所說「軷者，本山行之名，以祭道路之神，求無險難，故取名焉。」〔註6〕較為清楚。

3.〈王風‧中谷有蓷〉，毛《傳》：「蓷，鵻也。」《毛詩補正》：音錐。《釋文》：「鵻，《爾雅》作萑，音同。郭璞曰：『今茺蔚也，即益母草。』」〔註7〕

〔註3〕龍起濤：《毛詩補正》，頁142。
〔註4〕呂珍玉：《詩經詳析》，頁67。
〔註5〕龍起濤：《毛詩補正》，頁201。
〔註6〕（漢）毛亨傳、（漢）鄭玄箋、（唐）孔穎達疏：《毛詩正義》，收錄於李學勤主編：《十三經註疏整理本》，頁197。
〔註7〕龍起濤：《毛詩補正》，頁338。

筆者案：毛亨注蓷為雛，過於簡略不明，《毛詩補正》以《釋文》補之，讓蓷之義更明瞭，亦解釋雛之義。

4.〈鄭風・蘀兮〉，毛《傳》：「蘀，槁也。」《毛詩補正》：《箋》：「槁，謂木葉也。木葉槁，待風乃落。」《疏》：「〈七月〉云：『隕蘀』，落葉謂之蘀。」〔註8〕

筆者案：毛亨注蘀為槁，過於簡略不明，《毛詩補正》補鄭《箋》與孔《疏》為毛注作解釋，完善蘀之義。

5.〈小雅・大田〉，第二章「不稂不莠」，毛《傳》：「稂，童粱也。」《毛詩補正》：《釋文》：「童粱，草也。《說文》作蓈，云：『稂，或字也。禾粟之莠，生而不成者謂之童蓈也。』」〔註9〕

筆者案：毛亨注稂為童粱，訓解過於簡略，龍起濤補《釋文》，知童粱乃草，而從《說文》可知稂本是蓈之或體字，禾粟之未生成者。《毛詩補正》補充《釋文》與《說文》，除了解釋童粱外，亦釐清稂、蓈之關係，對異文的補充也有幫助。

因為毛亨訓解過於簡略而難懂，《毛詩補正》為其作注，雖然無多大問題，但仍有不完善者，如以下所論：

1.〈小雅・無羊〉，第二章「何蓑何笠」，毛《傳》：「何，揭也。」《毛詩補正》：許氏謙曰：「揭，擔也。」〔註10〕

筆者案：毛亨注何為揭，「揭蓑揭笠」語意仍然不明，龍起濤補許謙說法，揭為擔義，然「擔蓑擔笠」語義仍難通，又揭何以為擔義？於此有必要說得更清楚一些。據段玉裁《說文解字注》：

何，儋也。段玉裁注：何俗作荷，猶佗之俗作駝，儋之俗作擔也。〈商頌〉百祿是何、何天之休、何天之龍，《傳》曰：「何，任也。」《箋》云：「謂擔負。」《周易》何天之衢，虞翻曰：「何，當也，何校滅耳。」王肅云：「何，荷擔也。」又《詩》何戈與祋、何蓑何笠，《傳》皆云：「揭也。」揭者，舉也。戈祋手舉之，蓑笠身舉之，皆擔義之引申也，凡《經典》作荷者，皆後人所竄改。〔註11〕

〔註8〕 龍起濤：《毛詩補正》，頁405。
〔註9〕 龍起濤：《毛詩補正》，頁1106。
〔註10〕 龍起濤：《毛詩補正》，頁938。
〔註11〕 （漢）許慎撰、（清）段玉裁注、（民國）王進祥注音：《說文解字注》（台北：頂淵文化公司，2003年8月），頁371。

今觀《說文解字注》可知，何即儋也，俗作荷，有負擔的意思，毛亨注何為揭，乃擔義之引申，於此應解為穿蓑戴笠。《毛詩補正》僅列出毛《傳》與許謙說法，卻沒有詳細說明何、揭、擔三者關係，雖達到補充毛《傳》過簡，卻沒有做到詳細解說的工夫。

2.〈大雅·召旻〉，第四章「草不潰茂」，毛《傳》：「潰，遂也。」《毛詩補正》：潰有三訓，《嚴緝》〔註12〕：「〈谷風〉有洸有潰，怒也。〈小旻〉是用不潰于成，及此草不潰茂，遂也。潰潰回遹、無不潰止，亂也。」項氏〔註13〕曰：「水之潰者，其勢橫暴四出，故怒之甚者為潰。怒遂之甚者為潰遂，亂之甚者為潰亂，皆一理也。」〔註14〕

筆者案：「草不潰茂」，毛亨注潰為遂，「無不潰止」，毛亨於潰無注，鄭《箋》以為亂也。《毛詩補正》認為潰有三訓，為怒、遂、亂，而項安世則認為怒、遂、亂皆暴盛之貌，只是輕重差別，三者其實無異。筆者以為如果三潰字真是輕重差別，何以「有洸有潰」最輕微，而「無不潰止」最嚴重？項安世的說法實在難以讓人信服，以下將逐一討論。

（1）〈邶風·谷風〉，第六章「有洸有潰」，毛《傳》：「潰潰，怒也。」鄭《箋》：「君子洸洸然，潰潰然，無溫潤之色，而盡遺我以勞苦之事，欲窮困我。」《毛詩正義》：「《韓詩》云：『潰潰，不善之貌』」〔註15〕，又曰：「君子既欲棄己，故有洸洸然威武之容，有潰潰然恚怒之色。」〔註16〕筆者以為毛《傳》潰潰作怒或許過於簡略，但由鄭《箋》、孔《疏》可知，洸洸與潰潰皆用以形容詩中君子，韓《詩》亦言「潰潰，不善之貌」，可知潰潰應作為形容詞使用。對於潰潰，《詩毛氏傳疏》說：

> 《經》言洸，《傳》云：「洸洸」，《經》言潰，《傳》云：「潰潰」，凡經文一字，《傳》文用疊字者，一言不足則重言之，以盡其形容者，例準此。《釋文》引《韓詩》「潰潰，不善之貌」，則洸洸亦不善也。《箋》云：「君子洸洸然，潰憒然，無溫潤之色」，並與《傳》武、

〔註12〕筆者案：嚴粲《詩緝》。
〔註13〕筆者案：項安世。
〔註14〕龍起濤：《毛詩補正》，頁 1502。
〔註15〕（漢）毛亨傳、（漢）鄭玄箋、（唐）孔穎達疏：《毛詩正義》，收錄於李學勤主編：《十三經註疏整理本》，頁 180。
〔註16〕（漢）毛亨傳、（漢）鄭玄箋、（唐）孔穎達疏：《毛詩正義》，收錄於李學勤主編：《十三經註疏整理本》，頁 180。

怒義相近。〔註17〕

陳奐明確指出凡《傳》用疊字者，乃重文以盡其形容者，可知〈谷風〉「有洸有潰」，洸、潰皆用以形容他人，也解釋何以經文為潰，而毛亨卻注「潰潰」。

（2）〈小雅・小旻〉，第四章「是用不潰于成」，毛《傳》：「潰，遂也。」《箋》云：「如當路築室，得人而與之謀所為，路人之意不同，故不得遂成也。」《箋》說主要是解釋詩意，非訓解文字。馬瑞辰《毛詩傳箋通釋》：

> 《傳》：潰，遂也。瑞辰案：潰即遂之假借，潰、遂古聲近通用，遂
> 借作潰，猶〈角弓〉詩「莫肯下遺」，《荀子》引作隊。〔註18〕

龍起濤引項安世說法，不但沒有解決潰何以訓遂，反而誤導潰與遂的關係。今觀馬瑞辰之說，知潰即遂之假借，兩者古聲近而通用。又《毛詩傳箋通釋》在〈大雅・召旻〉，第四章「草不潰茂」曰：「今案〈小旻〉，《傳》亦曰：『潰，遂也』，潰、遂疊韻字，潰即遂之音近假借。」〔註19〕馬氏之說不但解釋毛亨何以訓潰為遂，與項安世之說相比，更讓人信服。

（3）〈大雅・召旻〉，第二章「潰潰回遹」，毛《傳》：「潰潰，亂也。」《毛詩傳箋通釋》：「瑞辰案：《說文》：『憒，亂也』，潰潰即憒憒之假借」〔註20〕，知潰潰與憒憒乃假借關係。《說文》：「憒，亂也。」段玉裁注：〈大雅・召旻〉潰潰回遹，《傳》曰：『潰潰，亂也。』案：潰潰者，憒憒之假借也，後人皆用憒憒。」〔註21〕由段注可知潰潰與憒憒的假借關係，更可理解「潰潰回遹」，毛亨注潰為亂不是沒有道理。

又〈大雅・召旻〉，第四章「無不潰止」，毛亨無注，《箋》云：「潰，亂也。無不亂者，言皆亂也。《春秋傳》曰：『國亂曰潰，邑亂曰判。』」〔註22〕《毛詩正義》曰：「僖四年《公羊傳》文也。引之者，證邦潰為國亂之意。」〔註23〕筆者認為《毛詩正義》已交代潰何以為亂，而潰作亂解，於此詩意亦

〔註17〕陳奐：《詩毛氏傳疏》（台北：臺灣學生書局，1986年10月），頁103。
〔註18〕馬瑞辰：《毛詩傳箋通釋》（台北：廣文書局，1980年8月），頁195。
〔註19〕馬瑞辰：《毛詩傳箋通釋》，頁323。
〔註20〕馬瑞辰：《毛詩傳箋通釋》，頁323。
〔註21〕（漢）許慎撰、（清）段玉裁注、（民國）王進祥注音：《說文解字注》，頁511。
〔註22〕（漢）毛亨傳、（漢）鄭玄箋、（唐）孔穎達疏：《毛詩正義》，收錄於李學勤主編：《十三經註疏整理本》，頁1490。
〔註23〕（漢）毛亨傳、（漢）鄭玄箋、（唐）孔穎達疏：《毛詩正義》，收錄於李學勤主編：《十三經註疏整理本》，頁1490。

合。透過以上論述潰字之義，可知毛亨注潰為怒、遂、亂有其根據，實在不如項安世所說，為情緒之輕重差別。

上文所述，可知《毛詩補正》引他書為毛《傳》作注，以期達到補充毛《傳》之效，但有時卻因為補充過於省略，仍無法讓人清楚了解字詞之義；而《毛詩補正》亦有以他書補充卻不當的問題，如果不是參考其他《詩經》研究者意見，就無法得知《毛詩補正》所補之書說法是否正確。

（二）證明《傳》義

《毛詩補正》有時補充他說，不是因為毛《傳》簡略，而是為了證實毛《傳》正確，筆者將此類補充歸類為「證明《傳》義」，如：

1.〈周南・漢廣〉，第二章「江之永矣」，毛《傳》：「永，長。」《毛詩補正》：《說文》羕字注水長也，引《詩》江之羕矣。段氏曰：「永，古音羕或假借羕字為之」，如〈夏小正〉時有羕日，時有羕夜，即永日永夜也。〔註24〕

2.〈鄘風・君子偕老〉，第二章「鬒髮如雲」，毛《傳》：「鬒，黑髮也。」《毛詩補正》：《左傳》有仍氏，生女鬒黑而甚美。〔註25〕

3.〈小雅・苕之華〉，第三章「牂羊墳首」，毛《傳》：「牂羊，牝羊也。」《毛詩補正》：〈釋畜〉：「羊，牡羒，牝牂」，故知為牝羊也。〔註26〕

4.〈大雅・大明〉，第二章「摯仲氏任」，毛《傳》：「摯仲氏任，摯國任姓之中女也。」《毛詩補正》：

> 段玉裁曰：「古多假中為仲。」仲氏者，何男女異？長於女之第次為仲也。戴媯、大任均言仲氏，婦人以伯、仲為字，稱其字以別其人也。《春秋》：「魯女言伯姬、叔姬，親之也，他國女來為夫人。言姜氏、風氏、姒氏者，略其伯、叔，言氏以尊之也。亦以姓別之之辭。」任之姓始於黃帝十二子奚仲之後，著其姓以別於夫之姓也。男子氏冠於名之上，女子姓著於下，屬詞之道也。婦人或以其父氏為稱，如東郭姜是也。或以夫為稱，如夏姬、雍姬、棠姜是也。或以字稱，如伯姬、叔姬是也。或以謚為稱，如文姜、宣姜、莊姜是也。或以所之之國為稱，如宋伯姬、齊王姬是也。或以本國為稱，如王姬、

〔註24〕龍起濤：《毛詩補正》，頁70。
〔註25〕龍起濤：《毛詩補正》，頁232。
〔註26〕龍起濤：《毛詩補正》，頁1210。

　　　陳媯是也。〔註27〕

龍起濤補段玉裁說法，除了知道毛《傳》為正外，亦也知曉婦人以伯、仲為字，稱其字以別其人也。

　　以上毛亨所注，意思清楚明瞭，但《毛詩補正》仍為其補充，可見龍起濤之所以補充他說，目的是為了證明毛亨之注為正。

二、補充他說

　　補充他說，顧名思義即是以他人之說解以為補充，《毛詩補正》通過引用他說來補充、更正舊注。筆者歸納《毛詩補正》書中有引用之學者（或論著）如下：

1. 先秦

　　左丘明《左傳》、《周禮》、《禮記》、《竹書紀年》。

2. 漢代

　　《爾雅》、鄭玄《毛詩箋》、許慎《說文》、三家《詩》、司馬遷《史記》、劉向《列女傳》、《說苑》、韓嬰《韓詩外傳》、班固《漢書》、《白虎通》、王符《潛夫論》。

3. 魏、晉至隋、唐

　　張揖《廣雅》、顧野王《玉篇》、顏之推《顏氏家訓》、范曄《後漢書》、陸德明《經典釋文》、孔穎達《毛詩正義》。

4. 宋代

　　陳彭年《廣韻》、丁度《集韻》、輔廣《詩童子問》、項安世《項氏家說》、范處義《詩補傳》、朱熹《詩集傳》、《詩序辨說》、王質《詩總聞》、呂祖謙《呂氏家塾讀詩記》、嚴粲《詩緝》。

5. 元、明

　　李時珍《本草綱目》、劉瑾《詩傳通釋》、郝敬《毛詩原解》、何楷《詩經世本古義》。

6. 清代

　　賀子翼《詩觸》、乾隆《御纂詩義折中》、李黼平《毛詩紬義》、尹繼美《詩管見》、段玉裁《說文解字注》、《詩經小學》、魏源《詩古微》、胡承珙

〔註27〕龍起濤：《毛詩補正》，頁 1233。

《毛詩後箋》、馬瑞辰《毛詩傳箋通釋》、陳啟源《毛詩稽古篇》、王引之《經義述聞》。

　　《毛詩補正》補充他說，主要是提供他人之見解，以供讀者參考。書中補充他說通常表現在：字詞訓解、補他人詮詩、補充異文三類，以下分別論述之。

（一）字詞訓解

　　字詞訓解的部分，《毛詩補正》之所以補充他人之說，不是因為毛《傳》有所不足或簡省，而是為了提供其他說法以供參考，如：

　　1.〈召南・行露〉，第一章「豈不夙夜，謂行多露」，《毛詩補正》：馬氏《通釋》謂疑作畏，凡詩上言豈不、豈敢者，下句多言畏。〈大車〉詩「豈不爾思，畏子不敢」，〈小明〉詩「豈不懷歸，畏此反覆」，〈縣蠻〉詩「豈敢憚行，畏不能趨」，《左氏》引逸詩「豈不欲往，畏我友朋」，句法相類。〔註28〕

　　筆者案：龍起濤補馬瑞辰《毛詩傳箋通釋》說法，言「豈不」、「豈敢」者，下多言「畏」，除了歸納《詩經》「豈不……畏……」之相同句法之外，更有加強語氣之勢。呂珍玉《詩經詳析》：「馬瑞辰之說，更能呈現不怕強暴之口氣」〔註29〕，就〈行露〉描寫興訟而言，確實比較符合詩之語境和語氣。

　　2.〈齊風・敝笱〉，第一章「其魚魴鰥」，毛《傳》：「鰥，大魚。」《毛詩補正》：《箋》：「鰥，魚子。」今《爾雅》作鯤。李巡曰：「凡魚之子，總名為鯤。《國語》里革斷罟曰：『魚禁鯤鮞，鳥翼鷇卵。』可證。」……《正義》引《孔叢子》「衛人釣於河，得鰥魚，大盈車。」毛以為大魚、鄭以為魚子，蓋從魚子以長為大魚也。〔註30〕

　　筆者案：王先謙《詩三家義集疏》：

　　　　鰥者，王引之云即《爾雅》之「鯇」一作「鯤」。潘岳〈西征賦〉「弛青鯤於鉅網」，此大魚也。《箋》「鰥，魚子。」〈釋魚〉：「鯤，魚子。」
　　　　李巡曰：「凡魚之子，總名鯤也。」是鯤有二義。〔註31〕

由《詩三家義集疏》可知，鰥即《爾雅》之鯇，鯇亦作鯤。鯤原本為大魚，《莊

〔註28〕龍起濤：《毛詩補正》，頁100。
〔註29〕呂珍玉：《詩經詳析》，頁53。
〔註30〕龍起濤：《毛詩補正》，頁480。
〔註31〕王先謙：《詩三家義集疏》（台北：明文書局，1988年10月），頁389。

子‧逍遙遊》即有海大魚為鯤；比較小的鯤魚之子也名為鯤，是以鯤有二義：大魚、魚子，毛《傳》與鄭《箋》均無誤，而毛亨訓鱮為大魚，其義似用來隱喻齊子為大魚，隨從進出蔽笱之人為魚子。

3.〈魏風‧碩鼠〉，第一章「三歲貫女」，毛《傳》：「貫，事也。」《毛詩補正》：魯《詩》作宦。案：「貫通慣，習也。女指碩鼠，言慣被其食。朱《傳》用之。」〔註32〕

筆者案：毛《傳》：「貫，事也」，龍起濤補魯《詩》異文「貫作宦」，然而貫何以通宦，卻沒有說明。段玉裁《說文解字注‧宦》：「案：仕者，習所事也。古事、仕、士通用，貫、宦通用，故魏風三歲貫女，魯《詩》作宦女。」〔註33〕由《說文解字注》可知，貫之所以作宦，乃因通假關係，而宦即仕之義，古事、仕、士三者通用，故毛亨注貫為事。

《毛詩補正》補他人訓解字詞之說，可以提供讀者參考外，亦可得知異文的關係，但龍起濤僅做到補充的工夫，少有自己的意見，就算有自己的意見，往往也無所根據。正因為《毛詩補正》只作補充而少有意見，因此補充他說之解，亦有錯誤存在，如：

1.〈周南‧螽斯〉，第一章「振振兮」，毛《傳》：「振振，仁厚也。」《毛詩補正》：朱注盛貌。案：「《說文》一曰『奮也』，眾多則奮迅而起。」〔註34〕

筆者案：龍起濤補朱熹訓為螽斯盛多，此訓甚好，但又引《說文》訓為奮則謬。龍起濤或以振奮連言為訓，不知振振乃聲音構成之重言詞，以作狀詞為常，與其構成成份無關，不能拆開訓解，龍起濤在訓為眾多之後，又增添奮迅而起，是以增字解經。

2.〈召南‧鵲巢〉，第二章「維鳩方之」，毛《傳》：「方，有之也。」《毛詩補正》：焦氏：「方之訓為並、為比。」〔註35〕

筆者案：龍起濤補焦氏之說，係以音近通假為訓，然訓為並、比，無益於詩意。王引之《經義述聞》以為「方，當讀為放，依也」〔註36〕，筆者認為《經義述聞》所言極是。方、放古音同屬幫母陽部，可相通借，《論語‧里仁》「放於利而行」，鄭、孔注並云：「放，依也」，放依連言於古籍亦常見，如《墨子‧

〔註32〕龍起濤：《毛詩補正》，頁523。
〔註33〕（漢）許慎撰、（清）段玉裁注、（民國）王進祥注音：《說文解字注》，頁340。
〔註34〕龍起濤：《毛詩補正》，頁57～58。
〔註35〕龍起濤：《毛詩補正》，頁84。
〔註36〕王引之：《經義述聞》（濟南：山東友誼書社，1990年9月），頁488。

法儀》：「放依以從事」，放亦依也。「維鵲有巢，為鳩方之」，方之即依之，若作比之、並之，於詩意不通，龍起濤補焦氏之說並無助於詩意之訓解。

3.〈鄭風・將仲子〉，第三章「無折我樹檀」，毛《傳》：「檀，彊韌之木。」《毛詩補正》：案：「《傳》本作忍，《疏》作韌，忍、韌古今字。」〔註37〕

筆者案：忍、韌非古今字，《毛詩補正》誤也。《毛詩正義・阮校》：

案：《釋文》云：「忍，本亦作刃，依字韋旁作刃，今此假借也。」考〈采薇〉《箋》「堅忍」，〈白華〉、〈抑〉《箋》「柔忍」，〈皇皇者華〉《傳》「調忍」，字皆作「忍」。《周禮・土訓》、《考工記》二〈釋文〉亦可證。是此《傳》本作「忍」，因《正義》自用「韌」字，不知者乃取以改也。〔註38〕

由阮元之說可知，《傳》本作忍不作韌，韌是《毛詩正義》自改，後人不知乃從之。《毛詩補正》補《傳》、《疏》之異文，並以為兩字乃古今字，不知實為《毛詩正義》之誤，今更正。

以上所述可知，《毛詩補正》補充他書之訓解，經過一定程度的選擇，但有時因龍起濤未加詳辨，往往有補充錯誤者，讀其書不可不加以辨析。

（二）補他人詮詩

《毛詩補正》除了補充他人（書）字詞訓解外，亦補充他人對詩意的解釋，如：

1.〈周南・漢廣〉，第三章

翹翹錯薪，言刈其蔞。之子于歸，言秣其駒。漢之廣矣，不可泳思。
江之永矣，不可方思。

《毛詩補正》補歐陽修《詩本義》：

之子于歸，言秣其駒。言之子出嫁，我願為之秣馬，即願為執鞭，亦所欣慕意。〔註39〕

此詩為愛慕遊女而不能得者所作。龍起濤補充歐陽修之說，讓詩人愛慕癡狂的行徑更加躍然於紙上，通過「之子于歸，言秣其駒」，我們看到的是詩人即使愛慕漢女而不可得，卻沒有怨懟之心，反而願意在她出嫁時為她餵馬、執

〔註37〕龍起濤：《毛詩補正》，頁374。
〔註38〕（漢）毛亨傳、（漢）鄭玄箋、（唐）孔穎達疏：《毛詩正義》，收錄於李學勤主編：《十三經註疏整理本》，注釋2，頁331。
〔註39〕龍起濤：《毛詩補正》，頁71。

鞭，顯見詩人之愛慕。

2.〈邶風‧燕燕〉，第三章

> 燕燕于飛，下上其音。之子于歸，遠送于南。瞻望弗及，實勞我心。

《毛詩補正》補賀子翼《詩觸》：

> 始則曰「泣涕如雨」，哭而有聲，泣涕俱下也。佇立以泣則無聲有泣，
> 此時并不能哭矣。實勞我心則泣涕俱盡，吞聲飲泣而已。〔註40〕

第三章描寫送別即將出嫁的女子，越送越遠，直到無法看到為止，充分表現出不捨的憂傷。賀子翼將〈燕燕〉詩中送別情感變化分為三層：哭而有聲（泣涕如雨）、無聲有泣（佇立以泣）、泣涕俱盡、吞聲飲泣（實勞我心），透過情緒之輕重，將送者情緒的轉化生動描繪出來，讀此詩更能體會江淹〈別賦〉「黯然銷魂，惟別而已」之意。

3.〈邶風‧靜女〉，第一章

> 靜女其姝，俟我於城隅。愛而不見，搔首踟躕。

《毛詩補正》補呂祖謙解「愛而不見，搔首踟躕」：「猶求之不得，寤寐思服意也。」〔註41〕筆者案：呂祖謙原文為「猶〈關雎〉求之不得，寤寐思服，蓋思之切也。」〔註42〕筆者認為龍起濤之所以補呂祖謙之解，乃因其以〈關雎〉賢妃之相對比靜女，知此女子之貞潔，詩人因愛而不見於是搔首踟躕，展現出詩人憂思焦燥神情與淑女難求形象。

《毛詩補正》除了補充他人說詩之體會外，龍起濤亦時有讀詩體會之見，如：

1.〈邶風‧擊鼓〉，第二章

> 從孫子仲，平陳與宋。不我以歸，憂心有忡。

龍起濤案：「此怨辭也。是年夏伐鄭，圍其東門五日而還，役不久矣，而從軍者預憂其不我以歸，可見人心不附。」〔註43〕

筆者案：龍起濤由《詩序》「擊鼓，怨州吁也。」出發，並參以《左傳》隱公四年，州吁合陳宋伐鄭之事論此詩，認為第二章乃怨辭，從軍者憂其不

〔註40〕龍起濤：《毛詩補正》，頁151。

〔註41〕龍起濤：《毛詩補正》，頁212。

〔註42〕呂祖謙：《呂氏家塾讀詩記》，收錄於《景印文淵閣四庫全書‧經部‧詩類》第67冊，頁383。

〔註43〕龍起濤：《毛詩補正》，頁163。

我以歸，見人心之不附。

2.〈邶風‧雄雉〉

雄雉于飛，泄泄其羽。我之懷矣，自詒伊阻。（第一章）

龍起濤：第一章其羽有文明之象，婦人以喻君子也。〔註44〕

雄雉于飛，上下其音。展矣君子，實勞我心。（第二章）

龍起濤：上章言羽是君子有文章，此章言音是君子善議論。〔註45〕

3.〈邶風‧匏有苦葉〉，第二章

有瀰濟盈，有鷕雉鳴。濟盈不濡軌，雉鳴求其牡。

龍起濤案：

上章言深則厲、淺則揭，今濟水瀰然而盈，則厲揭皆不可矣，事若

可止矣。忽焉而有鷕雉鳴，此宣姜傳言也，謂濟水伏流而性趨下，

雖盈必不濡軌，儘可驅車而來，是雉鳴殆以求牡也。〔註46〕

龍起濤從《詩序》「匏有苦葉，刺衛宣公也。公與夫人並為淫亂。」出發，認
為第一章濟水雖深，但仍可涉水而過，第二章濟水盈滿，無法涉水，並以鷕
雉喻宣姜，言濟水雖盈卻不濡軌，可驅車前來，故詩曰「雉鳴求其牡」。

4.〈王風‧黍離〉，第一章

彼黍離離，彼稷之苗。行邁靡靡，中心搖搖。知我者，謂我心憂，

不知我者，謂我何求。悠悠蒼天，此何人哉！

龍起濤案：「箕子過故殷墟，作麥秀之歌曰『麥秀漸漸兮，禾黍油油』，與此詩
同。然箕子直斥狡童而此詩含蓄，其辭尤有傷心不忍言者矣。」〔註47〕

（三）補充異文

不同版本出現之異文有益於詩句比對，幫助字詞訓解，於詩意瞭解居功
厥偉，龍起濤亦補充不同異文以疏通詩意，例如：

1.〈齊風‧還〉，第一章「子之還兮」，《毛詩補正》：

還，齊《詩》作營。《漢‧志》臨淄名營邱。郭景純謂「淄水過其南

及東」，有回環之義，取名營邱，故齊《詩》曰「子之營兮」，古人

〔註44〕 龍起濤：《毛詩補正》，頁 171。
〔註45〕 龍起濤：《毛詩補正》，頁 172。
〔註46〕 龍起濤：《毛詩補正》，頁 177。
〔註47〕 龍起濤：《毛詩補正》，頁 322～323。

－60－

　　　　讀營為環。〔註48〕

龍起濤補還字之異文，並論齊《詩》還作營乃因古人讀營為環，有回環之義。
王先謙《詩三家義集疏》：

　　　　錢大昕云：「古人讀營如環」。……〈釋邱〉：「水出其左營邱。」郭
　　　　注謂：「淄水過其南及東，是營邱本取回環之義。」……《釋文》並
　　　　云：「還，本作環」，營亦與還聲近，故古字假借用之。〔註49〕

由王先謙所言，可知還本作環，有回環之義，而營與還分屬喻三與匣母，聲
音相近，可以通假。《毛詩補正》補充齊《詩》之異文，可見他對異文的重
視。

　　2.〈小雅‧四牡〉，第一章「周道倭遲」，《毛詩補正》：韓《詩》作威夷，
《釋文》作倭夷，《玉篇》作陒夷，險阻也。〔註50〕

　　筆者案：龍起濤補充倭遲這個聯綿詞之異文，並引《玉篇》訓其義為險
阻，有益於讀者瞭解聯綿詞形無定寫之特徵，並掌握其作道路險阻之義。

　　3.〈小雅‧節南山〉，第一章「憂心如惔」，《毛詩補正》：惔，韓《詩》作
炎，字書作焱。〔註51〕

　　筆者案：惔乃炎之誤。王先謙《詩三家義集疏》：「段注謂『《說文》引《詩》
釋『惔』從『炎』之義，當作『憂心如炎』，〈雲漢〉詩『如惔如焚』，亦『如
炎』之誤」〔註52〕，由此知毛《詩》作惔誤也，今正之。

　　《毛詩補正》雖然關注異文並加以補充，但龍起濤亦只做到補充的工夫，
而少論述其因，或許因為《毛詩補正》以蒐集材料為主，並不專主探討議論
之故，讀者若倉促讀過，無法瞭解其持論依據，甚至不免受其錯誤之補正誤
導。

三、增補未注

　　有些字詞未必容易瞭解其義，但毛《傳》往往闕如，龍起濤看到這樣的
現象，也為毛《傳》加以增補，以便詩義之通讀。例如以下諸例，俱見龍起濤
用心：

〔註48〕龍起濤：《毛詩補正》，頁453。
〔註49〕王先謙：《詩三家義集疏》，頁377。
〔註50〕龍起濤：《毛詩補正》頁774。
〔註51〕龍起濤：《毛詩補正》頁944。
〔註52〕王先謙：《詩三家義集疏》，頁658。

1.〈召南‧甘棠〉，第三章「勿翦勿拜」，毛亨於拜無注，《毛詩補正》補充施士匄《詩說》：「拜，如人身之拜，小低屈也」，後案：

> 《箋》拜之言拔也。薛悟村謂「拜本作扒，音拜，拔也。」《唐韻》、《廣韻》並同。《集韻》：「扒，通作拜。」王深甯《詩考》云：「勿翦勿扒亦作拜。」陳氏謂「今詩拜字乃扒字之借，非跪拜義。」然頗驚俗，故仍補施說，朱子拜屈義亦宗之。〔註53〕

龍起濤補充唐代經學家施士匄對拜字之解，引薛悟村、陳啟源等人之說，拿來和《唐韻》、《廣韻》與《集韻》中扒字之訓解對照，辨明施士匄解拜為低屈不當，朱《傳》言拜為屈，亦承襲施士匄之說而誤，故特錄施說以正之，並從聲訓訓拜為拔。

2.〈邶風‧谷風〉，第三章「湜湜其沚」，毛亨於湜湜無注，《毛詩補正》：朱《傳》：「湜湜，清貌。」《說文》：「湜，水清見底。」〔註54〕

3.〈邶風‧靜女〉，第一章「俟我於城隅」，毛《傳》：「城隅以言高不可踰。」《毛詩補正》：

> 《考工記‧匠人》云：「王宮門阿之制五雉，宮隅之制七雉，城隅之制九雉，三者城隅為最高。」鄭注《考工》云：「宮隅、城隅謂角浮思也。雉長三丈、高一丈。」賈疏：「浮思，小樓也。」〔註55〕

毛亨於城隅雖有作注，但其云：「城隅以言高不可踰」，非注解城隅，乃在解釋詩意，龍起濤補《考工記》鄭注，知城隅乃角浮思，而賈疏之說，知角浮思即城上之角樓，補毛注之不足。

4.〈唐風‧山有樞〉，第二章「子有廷內」，毛亨於廷內無注，《毛詩補正》：

> 《疏》：「廷內，室家之內。」王氏引之曰：「廷與庭通，庭謂中庭，內謂堂與室也，亦有專謂室為內者。《尚書‧大傳》曰：『天子堂廣，九雉三分，其廣以二為內。』〈晁錯傳〉曰：『家有一堂二內。』《論衡》曰：『富人之宅，以一丈之地為內，內中所有柙匱所贏，縑布絲帛也。貧人之宅，亦以一丈之地為內，內中空虛，徒四壁立。』此皆專指室而言之也。廷內謂庭與堂室，非謂庭之內也。〈大雅〉抑篇

〔註53〕龍起濤：《毛詩補正》，頁97。
〔註54〕龍起濤：《毛詩補正》，頁183。
〔註55〕龍起濤：《毛詩補正》，頁212。

洒埽庭內，義與此同。《正義》曰：『洒埽室家之內』非也。」〔註56〕
毛亨於廷內無注，《毛詩正義》以為廷內乃「洒埽室家之內」，龍起濤今補王
引之《經義述聞》對廷內的解說，除了補毛注之不足外，也更正了《毛詩正
義》的錯誤，由《經義述聞》可知，廷為中庭，內為堂與室。

　　5.〈陳風·東門之池〉，第三章「可以漚菅」，毛亨於菅無注，《毛詩補正》：
朱《傳》：「菅葉似茅，柔韌宜為索。」濮氏一之曰：「《左氏》『雖有絲麻，無
棄菅蒯』，蒯與菅皆苔也。黃華者，俗名黃芒，即蒯也。白華者，俗名白芒，
即菅也。」〔註57〕

　　以上所論乃《毛詩補正》補充毛《傳》的特色，有疏解毛義，補充他說、
增補未注，透過本節論述探討，以瞭解《毛詩補正》是如何補充毛《詩》。

第二節　更正毛《詩》

　　《毛詩補正·自序》：「舊註簡者補之，悞者正之」〔註58〕，可見《毛詩
補正》之中心思想即是補充與更正舊註。上一節已論《毛詩補正》補充毛《傳》
的方法，此節將論《毛詩補正》更正毛《詩》的內容。《毛詩補正》更正的部
分可分為三類：更正毛《傳》之誤、更正他說之誤、更正用字之誤，以下分別
論述之，但礙於全書手法皆同，故亦僅舉數例為說明。

一、更正毛《傳》之誤

　　1.〈周南·葛覃〉，第二章「維葉莫莫」，毛《傳》：「莫莫，成就之貌。」
《毛詩補正》：朱《傳》：「莫莫，茂密貌。」何氏楷：「莫本古文暮字，蓋取稠
密陰暗之意。」〔註59〕

　　筆者案：毛亨注莫莫為成就之貌，然而葛覃何以需要成就？毛亨此注並
不妥當。龍起濤以朱熹《詩集傳》「茂密貌」更正毛《傳》錯誤甚是，但引何
楷之說則非。莫莫係聲音構成的重言詞，與其構成成份「莫」詞義無關，無須
從日暮陰暗，迂曲說解為稠密。

　　2.〈周南·葛覃〉，第三章「歸寧父母」，毛《傳》：「婦人謂嫁曰『歸』。」

〔註56〕龍起濤：《毛詩補正》，頁537。
〔註57〕龍起濤：《毛詩補正》，頁646～647。
〔註58〕龍起濤：《毛詩補正》，頁3。
〔註59〕龍起濤：《毛詩補正》，頁45。

《毛詩補正》：案：「此乃歸寧父母之歸，毛惧。」〔註60〕

　　筆者案：毛《傳》訓為女子出嫁之于歸，而龍起濤更正其誤，以為是女子回家寧父母之禮，於〈葛覃〉較切近詩意。

　　3.〈周南·芣苢〉，第一章「薄言有之」，毛《傳》：「有，藏之也。」《毛詩補正》：《廣雅》：「有，取也。」〔註61〕

　　筆者案：就三章複沓相對位置更換采、有、掇、捋、袺、襭，六動詞皆有採摘之意，龍起濤引《廣雅》訓有為取，尤切詩意。

　　4.〈周南·汝墳〉，第三章「魴魚赬尾」，毛《傳》：「赬，赤也，魚勞則尾赤。」《毛詩補正》：《說文》：「魴，赤尾魚也」，魴尾本赤，毛誤。〔註62〕

　　筆者案：毛亨注赬為赤，說魚勞則尾赤，用以隱喻征夫之辛勞，但魚如何會辛勞呢？此傳統舊注常見直觀式的比德詮釋方式，龍起濤說魴魚尾本赤，指出毛《傳》以美善為特點的另類詮釋甚是。

　　5.〈召南·羔羊〉，第二章「素絲五緎」，毛《傳》：「緎，縫也。」《毛詩補正》：以緎為縫之類，似未妥。〔註63〕後又補充胡承珙《毛詩後箋》：

> 《晏子春秋·雜篇》云：「十總之布，一豆之食。」《說文》作稯云：
> 「布八十縷為稯」，正與倍紽為總之數相合。蓋五絲為紽，四紽為
> 緎，四緎為總。五紽二十五絲，五緎一百絲，五總四百絲，故先言
> 五紽，次言五緎，末言五總。〔註64〕

龍起濤認為毛《傳》言緎為縫欠精準，故補胡承珙之說更正。

　　6.〈鄭風·清人〉，第二章「二矛重喬」，毛《傳》：「重喬，累荷也。」《毛詩補正》：

> 《釋文》：「韓《詩》作鷮，毛作喬，省文耳。以其上懸喬雉之羽，
> 故謂之喬。」《說文》：「雉十四種，其二喬雉。」又鷮云：「走鳴長
> 尾雉也。」〔註65〕

龍起濤補充《釋文》與《說文》，明喬乃鷮之省文，而鷮即雉之一種。《釋文》更明言喬乃「上懸喬雉之羽」，故龍起濤案：「毛訓荷似迂，當以韓《詩》為最

〔註60〕龍起濤：《毛詩補正》，頁46。
〔註61〕龍起濤：《毛詩補正》，頁67。
〔註62〕龍起濤：《毛詩補正》，頁74。
〔註63〕龍起濤：《毛詩補正》，頁106。
〔註64〕龍起濤：《毛詩補正》，頁105。
〔註65〕龍起濤：《毛詩補正》，頁386。

古。毛之省文屢見，此其一耳」〔註66〕，更正毛《傳》之誤。

7.〈齊風・載驅〉，第二章「四驪濟濟」，毛《傳》:「四驪，言物色盛也。」
《毛詩補正》:朱:「驪，馬黑色。」〔註67〕

筆者案:《說文》:「驪，馬深黑色」〔註68〕，知毛《傳》誤也。

8.〈小雅・出車〉，第三章「王命南仲」，毛《傳》:「文王之屬」，龍起濤
案:

> 獫狁在商為獯鬻，世為邊患，古公屢徙以避之，至是商王命南仲距
> 之。玩詩云「自天子所」，又云「王命南仲」，又云「天子命我」，則
> 南仲自是王臣，非文王之屬。〔註69〕

龍起濤認為南仲非文王之屬，乃因獫狁在商為獯鬻，世為邊患，至是商王命
南仲距之。又詩屢言王、天子，知南仲非文王之屬，故改毛《傳》之誤。

筆者案:龍起濤以為南仲非文王之屬，而是商王之臣，把此詩所寫事件
推得很早。屈萬里《詩經詮釋》注南仲:

> 漢書人表，列南仲為屬王末年人。鄩惠鼎有南中，王國維以為即此
> 詩之南仲。以分甲盤及虢季盤，皆宣王時器，皆記伐獫狁事;此亦
> 記伐獫狁事也。〔註70〕

屈萬里根據《漢書・古今人表》以及王國維《觀堂集林・鬼方昆夷獫狁考》，
知文獻記載南仲可能為屬王或宣王時人。今雖不能確定南仲之時代，但可知
南仲絕非文王時人，更非文王之屬。

9.〈小雅・出車〉，第三章「出車彭彭」，毛《傳》:「彭彭，四馬貌。」《毛
詩補正》:「朱:眾盛貌。」〔註71〕

筆者案:彭彭，毛亨注「四馬貌」不妥，以其疊音重言詞，宜從朱《傳》
訓為「眾盛貌」。

10.〈小雅・小旻〉，第二章「潝潝訿訿」，毛《傳》:「潝潝然患其上。訿
訿然思不稱乎上。」《毛詩補正》:

> 韓《詩》:「潝潝訿訿，不善之貌。」朱《傳》:「潝潝，相合也。訿

〔註66〕龍起濤:《毛詩補正》，頁386。
〔註67〕龍起濤:《毛詩補正》，頁484。
〔註68〕（漢）許慎撰、（清）段玉裁注、（民國）王進祥注音:《說文解字注》，頁461。
〔註69〕龍起濤:《毛詩補正》，頁812～813。
〔註70〕屈萬里:《詩經詮釋》，頁299。
〔註71〕龍起濤:《毛詩補正》，頁813。

訕，相詆也。」案：朱用蘇說，因瀹有合義，訕有毀義，二字重用。

下文又有兩具字，自是相和相詆之義。以此訓詁實勝於毛。〔註72〕

龍起濤補充韓《詩》瀹瀹訕訕為不善貌，再參以朱熹之說，認為朱熹訓瀹瀹
訕訕優於毛，以此更正毛《傳》。筆者案：朱熹《詩集傳》：「瀹瀹，相合也。
訕訕，相詆也。言小人同而不和，其慮深矣」〔註73〕，朱熹之解實勝於毛，
也普遍為今人所接受。

二、更正他說之誤

《毛詩補正》除了更正毛《傳》之誤，亦有更正他說之誤，更正者如鄭
玄《箋》、陸璣《毛詩草木鳥獸蟲魚疏廣要》、朱熹《詩集傳》等。例舉如下：

1.〈鄘風‧桑中〉，第一章「美孟姜矣」，毛《傳》：「姜，姓也。」《毛詩
補正》：《疏》：「齊、許、申、呂之屬」，朱指言齊女誤。〔註74〕

筆者案：《毛詩正義》認為孟姜乃列國之長女，乃因衛朝貴族無姜姓者，
故為齊、許、申、呂之屬，未知誰國之女，所言即是。觀呂珍玉《詩經詳析》：
「衛國為姬姓，其貴族世代與齊、呂、許、申等姜姓貴族女子通婚，故以『姜』
代之」〔註75〕，可知朱熹言孟姜為齊女誤也。

2.〈衛風‧伯兮〉，第四章「焉得諼草」，毛《傳》：「諼草，令人忘憂。」《毛
詩補正》：孔《疏》謂「諼，忘也。非草名」誤，朱子以合歡為萱草亦誤。《本
草》合歡在木部非草也。嵇叔夜〈養生論〉：「合歡蠲忿，萱草忘憂。」〔註76〕

3.〈唐風‧椒聊〉，第一章「椒聊之實」，毛《傳》：「椒聊，椒也。」《毛
詩補正》：

> 陸《疏》：「椒聊，聊字語助。」……段玉裁曰：「單呼曰『椒』，累
> 呼曰『椒聊』。」案：聊非語助，及下文椒聊且二句可見，且為語助，
> 不應聊又語助也。〔註77〕

龍起濤引段玉裁之說更正陸璣，其言聊為語助詞誤也，聊實非語助詞。呂珍
玉《詩經詳析》：「段玉裁《定本小箋》：『傳不以聊為語詞，椒聊疊字疊韻，單

〔註72〕龍起濤：《毛詩補正》，頁990。
〔註73〕朱熹：《詩集傳》，頁137。
〔註74〕龍起濤：《毛詩補正》，頁236。
〔註75〕呂珍玉：《詩經詳析》，頁107。
〔註76〕龍起濤：《毛詩補正》，頁304～305。
〔註77〕龍起濤：《毛詩補正》，頁545。

呼曰椒，絫呼曰椒聊。』阮元、胡承珙、陳奐諸家並論聊非語詞，陸《疏》非也」〔註78〕，知阮元、胡承珙、陳奐等注家亦以為聊不當語助詞。

　　4.〈小雅・天保〉，第四章「群黎百姓」，《毛詩補正》：《箋》：「黎，眾也。」朱《傳》：「黎，黑也。猶秦言黔首也。」案：「訓黑者，本作黧。」〔註79〕

　　筆者案：《說文》：「黔，黎也。秦謂民為黔首，謂黑色也。周謂之黎民。」段玉裁注：

> 〈大雅・雲漢〉、《禮記》、《大學》黎民皆訓眾民，《釋詁》曰：「黎，眾也。」《詩・桑柔》《傳》曰：「黎，齊也。」宋人或以黑色訓黎民，殊誤。許言此者，證秦以前無黔首之稱耳。非謂黎、黔同義。〔註80〕

知〈天保〉「群黎百姓」，朱熹訓黎為黑誤也。

　　龍起濤雖然更正毛《傳》與他人之誤，但有時卻更正錯誤，如：

　　1.〈邶風・綠衣〉，第一章「綠衣黃裏」，《毛詩補正》：

> 《箋》：「綠當為褖，轉作綠衣之誤也。」案：「鄭改綠為褖，自據《周禮・內司服》而言，鄭深於《禮》，故動輒以《禮》改《詩》。如此篇褖衣云：『王后六服，褘衣、褕翟、闕翟，名三翟為祭服。鞠衣、展衣、褖衣，自鞠衣以下，眾妾以貴賤之等服之，皆以素紗為裏，今黃裏喻妾上僭。』考《左傳》成九年，季文子如宋，致女公饗之，穆姜賦〈綠衣〉之卒章、《魯語》公文父伯之母，賦此詩之三章，未有作褖衣者。」〔註81〕

龍起濤以為鄭玄深於《禮》，好以《禮》改《詩》，今以《左傳》與《國語・魯語》證之，皆未作綠為褖者，認為鄭玄改綠為褖誤也。

　　筆者案：龍起濤此言鄭玄改綠衣為褖衣誤，又於〈衛風・碩人〉補孫毓：「鄭改綠衣作褖衣，疑字形相似而誤」〔註82〕，可知龍起濤認為綠衣為正字，褖衣乃因字形相近而誤，鄭玄依《禮》改字誤也。觀《毛詩正義》：

> 必知「綠」誤而「褖」是者，此「綠衣」與〈內司服〉「褖衣」字同。內司服掌王后之六服，五服不言色，唯綠衣言色，明其誤也。

〔註78〕呂珍玉：《詩經詳析》，頁 227。

〔註79〕龍起濤：《毛詩補正》，頁 802。

〔註80〕（漢）許慎撰、（清）段玉裁注、（民國）王進祥注音：《說文解字注》，頁 844。

〔註81〕龍起濤：《毛詩補正》，頁 147。

〔註82〕龍起濤：《毛詩補正》，頁 281。

〈內司服〉注引〈雜記〉曰：「夫人復稅衣褕翟。」又〈喪大記〉曰：「士妻，以褖衣。」言褖衣者甚眾，字或作「稅」。此「綠衣」者，實作褖衣也。以此言之，〈內司服〉無褖衣，而《禮記》有之，則褖衣是正也。彼綠衣宜為褖衣，故此綠衣亦為褖衣也。詩者詠歌，宜因其所有之服而言，不宜舉實無之綠衣以為喻，故知當作褖也。〔註83〕

《毛詩正義》由〈雜記〉與〈喪大記〉兩篇內文皆作褖衣，知〈內司服〉之綠衣當為褖衣。又〈內司服〉無褖衣，而《禮記》有之，則當以褖衣為正，則綠衣當為褖衣。《毛詩正義》論褖衣多方考證，除由經書下手外，亦從文學角度思考，認為詩者詠歌，常以其所有之服而言，不宜舉實無之綠衣為喻，故知當為褖也。筆者以為《毛詩正義》所言為是，龍起濤言鄭玄改褖衣為綠衣誤，宜再深思。

　　2.〈唐風‧山有樞〉，第一章「他人是愉」，《毛詩補正》：《箋》：「愉讀曰『偷』。偷，取也。」案：「毛訓與《爾雅》合，鄭好改經字，不可從。」〔註84〕

　　筆者案：王先謙《詩三家義集疏》：

張衡〈西京賦〉：「鑑戒《唐詩》，他人是媮。」薛綜注：「《唐詩》，刺晉僖公不能及時以自娛樂。齊（筆者案：齊《詩》），愉作媮者。《漢‧地理志》〈山樞〉之篇曰：『宛其死矣，他人是媮』，是據齊《詩》故文，明齊、魯文同」。陳喬樅云：「《文選》韋孟〈諷諫詩〉『我王以媮』，注：『媮與愉同。』《集韻》：『愉或从女，偷或从心』，則媮、愉、偷古皆通用。」……愚案：〈鄭‧羔裘〉「捨命不渝」，韓（筆者案：韓《詩》），「渝」作「愉」，亦其證。〔註85〕

《詩三家義集疏》引陳喬樅之說，知《集韻》：「愉或从女，偷或从心」，可見「愉」與「媮」通用、「偷」與「愉」通用；又魯《詩》與齊《詩》「愉」皆作「媮」，故可知愉、媮、偷三者古皆通用。筆者認為陳喬樅所言有所依據，且推理適當，故可信。以陳喬樅之說觀鄭玄言愉讀偷，可知鄭玄之說無誤，倒是龍起濤言不可從鄭玄誤也。

〔註83〕（漢）毛亨傳、（漢）鄭玄箋、（唐）孔穎達疏：《毛詩正義》，收錄於李學勤主編：《十三經註疏整理本》，頁138～139。
〔註84〕龍起濤：《毛詩補正》，頁536。
〔註85〕王先謙：《詩三家義集疏》，頁417。

3.〈大雅・抑〉，第一章「靡哲不愚」，毛《傳》：「國有道則知，無道則愚。」《毛詩補正》：案：「靡哲不愚即俗所云：『越聰明人越糊塗也』，毛分有道無道，玩經文殊無此義。」〔註86〕

筆者案：《毛詩正義》：

> 此時屬王訏謗，賢者佯愚。…古之賢人有言曰：「無道之世，無有一哲人而不為愚者。」言當時賢哲，皆故毀威儀，而佯為愚人也。…
> 今哲人之為此愚，亦維乃畏懼於時之罪戾，非性然也。〔註87〕

《毛詩正義》解「靡哲不愚」為賢者佯愚，龍起濤不解毛亨所言為何，怪罪毛分有道無道，而言「靡哲不愚」為越聰明越糊塗，未說清楚何以愈聰明的人會愈糊塗。呂珍玉《詩經詳析》解「靡哲不愚」：「哲人通達，處於亂世，則其行若愚，即邦無道則愚」〔註88〕，此即毛分有道、無道，以見君子何以一反常態，可惜龍起濤未能深體毛意。

4.〈周頌・清廟〉，「駿奔走在廟」，《毛詩補正》：《箋》：「駿，大也。」毛訓長。案：「長與大並《釋詁》文，大義為勝，又疾也。」〔註89〕

筆者案：龍起濤認為長與大皆《釋詁》文，但大義為勝，即《箋》說為正，然而龍起濤卻無說明何以《箋》說勝《傳》，筆者認為實在不妥。今觀《毛詩傳箋通釋》：

> 瑞辰案：《爾雅・釋詁》：「駿，速也。速與疾義同。」《正義》引《禮記・大傳》駿奔走，注：「駿，疾也。疾奔走，言勸事。」駿、疾以聲近為義，廟中奔走以疾為敬，其說較《傳》、《箋》為善。《正義》牽合《箋》說，云「大者，多而疾來之意」，則失之矣。〔註90〕

由馬瑞辰之說可知，雖然大、長皆《釋詁》文，然〈抑〉詩之駿卻不以長、大為訓。《禮記・大傳》注駿為疾，乃因聲近為義，廟中奔走疾以為敬，而《正義》牽合《箋》說，云「大者，多而疾來之意」失之也。筆者認為駿訓大、訓長，無益於「奔走在廟」詩意之通讀，若訓作疾，說成「疾奔走在廟」，則文從字順，故馬瑞辰之說優於《傳》、《箋》，龍起濤以《箋》為長，誤也。

〔註86〕龍起濤：《毛詩補正》，頁1396。
〔註87〕（漢）毛亨傳、（漢）鄭玄箋、（唐）孔穎達疏：《毛詩正義》，收錄於李學勤主編：《十三經註疏整理本》，頁1366。
〔註88〕呂珍玉：《詩經詳析》，頁539。
〔註89〕龍起濤：《毛詩補正》，頁1516。
〔註90〕馬瑞辰：《毛詩傳箋通釋》，頁324。

三、更正用字之誤

《詩經》一書源遠流長，在傳抄過程難免因字形相近而誤寫，或因版本不同而出現異文，龍起濤關注此問題，特於書中提出，以避免後人混淆誤用，如：

1.〈衛風・碩人〉，第二章「美目盼兮」，《毛詩補正》：陳氏曰：「盼，從目分聲，匹莧切。目黑白分也。眄從丏聲，莫甸切。目偏合也。一曰『邪視也。』盻，從目兮聲，胡計切。恨視貌。三字音義各別，今本多誤作盻。又或以《孟子》『盻盻』證盼字尤誤，宜急正之。」〔註91〕

筆者案：盼、眄、盻形近易訛，尤其盼（黑白分）、盻（恨視貌）更為相近，龍起濤提出今本多誤作「盻」，提醒讀者勿混淆，用意甚好。

2.〈王風・丘中有麻〉，第一章「將其來施施」，《毛詩補正》：顏氏曰：「江南舊本皆作『將其來施』，韓《詩》重作『施施』。」案：「《孟子》有『施施從外來』，亦是重文，疑古時方言如此。或以次章末句四字，此不宜五字，當從江南本，非也。」〔註92〕

龍起濤以《孟子》有「施施從外來」句，認為古方言即如此，他注意異文，期望以方言釋「施施」，用意甚好，然釋義或有可商。呂珍玉《詩經訓詁研究》：

> 珍玉案：「其將來施施」句待解決問題有二，一、「將其來」或「其將來」，二、單言「施」或重言「施施」。《正義》云「嗟其將來之時施施然」，似所見經文作「將其來」，無據。應如胡承珙所說經文作「將其來」不作「其將來」。「將」如「將子無怒」之「將」，作「願」或「請」講。毛《傳》鄭《箋》之「施施」，陳奐、胡承珙、馬瑞辰、俞越等據《傳》《箋》多以重言說單字，如「有翩」之為「翩翩」，「嘽呀」之為「嘽嘽呀呀」，「其顒」之為「顒顒」，「咥其」之為「咥咥」，以為經文原單言「施」。事實上他們所舉之例不是「有」字為詞頭，後加形容詞，就是「其」後加形容詞，或形容詞加「其」後綴，再不然就是單言與重言意義相同的構詞形式。語句結構不同，不能強加比附。然而誠如諸家所說，今據二章「將其來食」的句法，以為原文當單用「施」，作動詞解，而以俞越說「施」

〔註91〕龍起濤：《毛詩補正》，頁 280。
〔註92〕龍起濤：《毛詩補正》，頁 359。

－70－

言「展其才」為長。〔註93〕

陳奐、胡承珙、馬瑞辰、俞越等人，據《傳》、《箋》多以重言說單字，如「有洸有潰」，《傳》：「洸洸潰潰」；「噂沓背憎」，《傳》：「噂噂沓沓」，故認為「其將來施施」應作「其將來施」。呂珍玉認為上述等人所舉之例，不是以「有」字為詞頭，後加形容詞，如「有洸有潰」；就是「其」後加形容詞，如「其頎」；或是形容詞加「其」後綴，如「咥其」，然而這些句型皆與「將其來施施」不同。呂珍玉認為，要知道是「將其來施施」還是「將其來施」，須從二章「將其來食」考察，由二章作「將其來食」看，以「將其來施」較符《詩經》重章互足章法，應以俞樾訓「展其才」為長。

筆者案：龍起濤雖然注意「其將來施施」與「其將來施」之不同，然他並無關照《詩經》相同句法，單以《孟子‧離婁下》出現相同詞語簡單對照，今以呂說正之。

3.〈鄭風‧風雨〉，第二章「雞鳴膠膠」，《毛詩補正》：膠字當作嘐。《廣韻》引此詩云：「雞鳴嘐嘐」。〔註94〕

筆者案：三家《詩》作嘐，《廣韻》亦作嘐，云：「雞鳴也。」

4.〈鄭風‧野有蔓草〉，第二章「零露瀼瀼」，《毛詩補正》：《疏》：「霝作零字，霝，落也。」或愓作靈，靈，善也。此經本作霝，今誤作零。〔註95〕

5.〈唐風‧揚之水〉，第三章「白石粼粼」，《毛詩補正》：《稽古篇》：「廣尺深尺為〈，廣二尋深二仞為巜。〈即畎字，巜即澮字。《書》『濬畎澮距川』，言畎澮之水，會為川也。〈揚之水〉『白石粼粼』，從巜不從巛，《說文》：『粼，水生厓石間，粼粼也。』今詩惟《石經》、《呂記》、《嚴緝》作粼，餘從巛誤，今改之。」〔註96〕

筆者案：《毛詩補正》補《稽古篇》之說正粼粼之誤，是也。

6.〈小雅‧正月〉，第十三章「夭夭是椓」，《毛詩補正》：案：「夭夭疑夭夭之誤。夭夭，少好貌。」〔註97〕

筆者案：屈萬里《詩經詮釋》：「韓詩作夭夭。案：作夭夭，是。夭夭，少壯之貌，此謂少壯之人也。檜風隰有萇楚『夭之沃沃』之夭，作名詞用，可以

〔註93〕呂珍玉：《詩經訓詁研究》（台北：文津出版社，2007年3月），頁307～308。
〔註94〕龍起濤：《毛詩補正》，頁422。
〔註95〕龍起濤：《毛詩補正》，頁436。
〔註96〕龍起濤：《毛詩補正》，頁541。
〔註97〕龍起濤：《毛詩補正》，頁963。

比證。」〔註98〕由屈說可知,龍起濤的說法相當可取。

以上所論乃《毛詩補正》更正的特色,有更正毛《傳》之誤、更正他說之誤與更正用字之誤三類,透過本節論述,探討《毛詩補正》更正的方法,以及龍起濤非擅長訓詁考據,難免犯下的一些錯誤,對《毛詩補正》更正毛《傳》之內涵、優缺得失有所認識。

第三節　訓解討論

《毛詩補正》一書,多援引他人訓解補充、更正毛《傳》,然書中仍有少數訓解為龍起濤自己的見解。本節將從龍起濤於《毛詩補正》中所提到的一些訓詁術語,考察《毛詩補正》與毛《傳》相異之訓解,以及龍起濤所用的訓詁方法,企圖從中觀察龍起濤於古籍訓解的功力。

一、互文見義

〈周南‧關雎〉,第二章「左右流之」,《毛傳》:「流,求也。」《毛詩補正》:案:「《說文》:『流,水行也。』」,此言荇菜隨水而流也。下文求之乃互文以見義。」〔註99〕

筆者按:龍起濤以修辭學互文見義來審文例,引《說文》流字之解,不認同毛《傳》解流為求,他在案語中說:「此言荇菜隨水而流」,於詩意的解讀上似乎通順,但卻不然,茲引郭在貽《訓詁學》的說法:

> 如果照新解所說,訓流字為流動,那麼「左右流之」的主語就是荇菜,而「左右采之」、「左右芼之」的主語卻絕對不是荇菜。這樣,在互相駢儷的三句詩中(「左右流之」、「左右采之」、「左右芼之」)竟出現了兩個主語,這是有背於古代韻文句法規律的。〔註100〕

郭在貽點出問題所在,流若是作流動解,那麼以主語來看,則與「左右采之」、「左右芼之」主語為人不合。我們知道《詩經》常見疊章複沓的手法,因此敘述主語或觀點,應該一致。由〈關雎〉詩意來看,「左右采之」與「左右芼之」的主語應該是採荇菜之人,若依龍起濤之見,則主語為荇菜,與「左右采之」、「左右芼之」不同,可見龍起濤之訓解不足取。

〔註98〕屈萬里:《詩經詮釋》,頁357。
〔註99〕龍起濤:《毛詩補正》,頁39。
〔註100〕郭在貽:《訓詁學》(長沙:湖南人民出版社,1986年),頁117。

那麼毛亨訓流為求是否正確？楊合鳴《詩經疑難詞語辨析》曰：

> 《詩經》多為重章疊唱，往往將同一個意思分成幾章反覆歌咏，因
> 此「流之」當與「采之」、「芼之」義同。……「流」當通「摎」而
> 非通求。馬瑞辰《通釋》：「流，通作摎。《後漢書‧張衡傳注》：『摎，
> 求也。』《廣雅‧釋言》：「摎，捋也。」《廣韻‧尤韻》：「流，力求
> 切。」《集韻‧尤韻》：「摎，力求切。」準此，「流」與「摎」在先
> 秦同屬來母幽部，故「流」可通「摎」。〔註101〕

由楊合鳴的說法可知流通作摎，摎即求也，故毛《傳》訓流為求，兩字不僅聲
音通假，而且合於詩意。此處於文例係排比荇菜、淑女，以荇菜為人所採之
物象意，聯想淑女為人追求之事物意，並非龍起濤所言之互文見義，而且訓
流為水行，更不合於句法。

二、因文立訓

〈唐風‧鴇羽〉，第一章「王事靡盬」，毛《傳》：「盬，不攻緻也。」《毛
詩補正》：

> 《疏》：「盬與蠱字異義同。《左傳》於文皿蟲為蠱，穀之飛亦為蠱。
> 蠱，壞也，是不攻牢不堅緻之意也。」王氏引之曰：「《爾雅》：『棲、
> 遲、憩、休、苦，息也』，苦與盬同。《周官‧鹽人》：『共其苦鹽』，
> 杜子春讀苦為盬。〈典婦功〉『辨其苦良』，鄭司農讀苦為盬，此二字
> 相通之明證。解經者於《爾雅》之苦，誤讀為勞苦之苦，而不知其
> 即靡盬之盬。盬，息也，王事靡息，所以不能蓺稷黍也，蓋古字假
> 借，漢人已有不能盡通者矣。」案：「盬可訓壞，亦可訓息，一字數
> 義，如《左傳》『楚子伏己而盬其腦』，此盬豈可訓息？是又在因文
> 立訓矣。」〔註102〕

王引之從《周官‧鹽人》、〈典婦功〉知苦即為盬，兩字通用蓋古字假借，又
《爾雅》「棲、遲、憩、休、苦，息也」，故王引之訓盬為息，「王事靡盬」即
「王事靡息」，言王事靡有止息也。龍起濤據孔《疏》言盬是不攻牢不堅緻之
意，與毛《傳》同，故以毛《傳》為正，又以《左傳》「楚子伏己而盬其腦」
為例，反對王引之盬訓為息，以為王引之言「王事靡息，所以不能蓺稷黍也」，

〔註101〕楊合鳴：《詩經疑難詞語辨析》（武漢：崇文書局，2002年5月），頁2～3。
〔註102〕龍起濤：《毛詩補正》，頁560。

乃因文立訓。

筆者案：王引之認為鹽與苦通，乃音近通假，劉又辛《通假概說》：

> 這一條批評舊注釋鹽為不堅固之誤，很精當。他（筆者案：王引之）
> 釋鹽為息，「王事靡鹽」即王事靡息，王事無休無止，也很確切。但
> 苦、鹽和息的關係，還不夠明確。用王念孫在《廣雅疏證》中的一
> 段話相對證，就會說得更清楚。《廣雅疏證・釋詁》「憩，息也」條
> 下說：「〈檀弓〉云：『細人之愛人也以姑息。』張平子〈思玄賦〉：
> 『姑純懿之所廬。』姑與憩通。《爾雅》：『苦，息也。』苦與憩亦聲
> 近義同。可以這樣歸納一下：「苦，息也」的「苦」，姑息的「姑」，
> 靡「鹽」的鹽，都是憩的假借字。憩當是本字，其他幾個都是假借
> 字。這樣互相參證，「王事靡鹽」的「鹽」之所以當解為息，就非常
> 清楚了。〔註103〕

劉又辛由《廣雅疏證・釋詁》釐清苦、鹽的關係，知苦、姑、鹽三者皆是憩
的通假字，憩是本字。從劉又辛為王引之所作補充，知其言鹽、苦乃同音通
假，龍起濤從器不攻緻，展轉說戰爭不停息，不夠直截；王氏在這裡換個同
音通假字訓釋，即文從字順，不能批評他因文立訓，此龍氏不明古人為書寫
方便常用通假之字。

三、隨文立訓

〈大雅・旱麓〉，第五章「瑟彼柞棫」，毛《傳》：「瑟，眾貌。」《毛詩補
正》：案：「鄭於二章訓瑟，絜鮮貌，毛於此章訓眾貌，皆隨文立訓。」〔註104〕

筆者案：〈旱麓〉第二章「瑟彼玉瓚」，鄭玄注瑟為絜鮮貌，第五章「瑟彼
柞棫」，毛亨卻注瑟為眾貌，龍起濤認為兩人皆隨文立訓。《說文》：「瑟，庖犧
所作弦樂也。」段玉裁注：

> 弦樂，猶磬曰石樂，清廟之瑟亦練朱弦。凡弦樂以絲為之。象弓
> 弦，故曰「弦」。〈淇奧〉《傳》曰：「瑟，矜莊貌。」〈旱麓〉《箋》
> 曰：「瑟，絜鮮貌。」皆因聲叚借也。瑟之言肅也。《楚辭》言秋
> 氣蕭瑟。〔註105〕

〔註103〕劉又辛：《通假概說》（成都：巴蜀書社，1988年11月），頁98。

〔註104〕龍起濤：《毛詩補正》，頁1266。

〔註105〕（漢）許慎撰、（清）段玉裁注、（民國）王進祥注音：《說文解字注》，頁634。

由段玉裁注可知，瑟之本義為弦樂器，古漢語多單音詞，詞義引申、通假兼職情況多，呈現一詞多義現象，段玉裁所舉〈淇奧〉、〈旱麓〉、《楚辭》中出現的「瑟」，已非琴瑟本義，而是借用其音。〈旱麓〉詩中「瑟彼」為一狀詞結構，用以狀其後之柞棫。「瑟彼柞棫」，毛亨訓眾貌，應是將「瑟彼」視為「瑟瑟」重言詞，重言詞由聲音構成，不能由它的構成成份作解，而且具有多義性。龍起濤說舊注隨文立訓，是他對聲音通假、古漢語一詞多義及重言詞的多義性質不夠瞭解的緣故。段玉裁說「〈淇奧〉與〈旱麓〉之瑟，訓為矜莊貌與絜鮮貌，皆為假借。」甚是。

龍起濤於《毛詩補正》所論及的字詞訓解議題並不多，以上舉三處他所使用的訓詁術語，加以討論辨析，可見龍起濤於字詞訓解所犯的錯誤，幾乎是對古漢語一詞多義、通假、文例、句法、構詞等基本常識的不足。或許可以說訓詁並非他的長項，於此我們亦可理解何以《毛詩補正》於字詞訓解多援引他說而缺乏自己獨特之發明。

第五章 《毛詩補正》之評語探討（上）

《毛詩補正・凡例》：

> 明戴君恩有《讀風臆評》，專取國風加以評語，凌濛初《言詩翼》採
> 徐光啟、陸化熙、魏浣初、沈守正、鍾惺、唐汝諤六家之評，每篇
> 又從鍾惺之本加以圈點，以詁全經，令讀者易於悟入。第此法用之
> 於他經則不可，用之於《詩》則足以助吟咏、發天趣。予於此編亦
> 集評語，并己所偶得者，繫之於後，為初學計也。〔註1〕

由凡例可知，龍起濤認為《讀風臆評》以及《言詩翼》兩本書中之評語，不但
有助於讀者悟《詩》，更有助《詩》之吟咏，故《毛詩補正》亦仿效此手法，
於詩篇之末多有評語，由於內容豐富，因而分為上、下兩部分，利用兩章篇
幅對該書之評語提出探討。本章就常用評語、評點字詞與評點章法論述。

第一節　常用評語

　　《毛詩補正》評語不時出現「妙極」、「活繪」、「奇創」、「佳」等字詞，此
等字詞多受晚明以來評點用語影響，而評語為龍起濤讀《詩》之個人體會與
感受，錄於詩後乃望讀者能透過這些簡單詞語，對該詩有更多體悟，故在〈自
序〉言「以評語發其趣」〔註2〕，可見龍起濤想利用一、二字點出詩趣之用心，

〔註1〕龍起濤：《毛詩補正》，頁14。
〔註2〕龍起濤：《毛詩補正》，頁3。

指出詩人寫作技巧，期望讀者讀詩能多加留心體會。下文將就《毛詩補正》常用評語分別舉例說明。

一、妙

龍起濤對《詩經》中字、句、作法、修辭等表現特色，往往用「妙」、「妙筆」、「妙絕」等語加以評點，並具體陳述自己的審美觀，對於閱讀《詩經》的文學欣賞，具有提點之效，以下舉例說明之。

〈召南・江有汜〉

江有汜，之子歸，不我以；不我以，其後也悔。

江有渚，之子歸，不我與；不我與，其後也處。

江有沱，之子歸，不我過；不我過，其嘯也歌。

龍評：

此篇妙於重一句見音節，若不重此不我以一句，則音節不緊湊。三

末句皆以一字作煞，與上相合，短節促弦，彌見其峭。〔註3〕

此詩似寫棄婦之心聲，每章以江之支流有別，喻其夫另有他心。龍起濤從音節評詩，認為此篇妙在「不我以」一句，因頂針回環，而使得心苦聲緩；並且三章末皆以悔、處、歌等單字作煞，為對方「不我以」結果為懊悔（明白、長嘯而歌）做自我安慰，可見此詩雖短促，卻像山勢峻峭，棄婦深情厚意寫得動人。龍起濤簡單的評語，點出詩作用語特點，啟發讀者吟詠詩篇，進入詩中人物的內心世界。

〈召南・何彼襛矣〉

何彼襛矣？唐棣之華。曷不肅雝？王姬之車。

何彼襛矣？華如桃李。平王之孫，齊侯之子。

其釣維何？維絲伊緡。齊侯之子，平王之孫。

龍評：

平王之孫四句，一顛一倒，隱然具敵體之義，此詩中筆法。首章肅

雝句自是主峰，車字句妙，一說到人則鈍置矣。〔註4〕

此詩以唐棣之華與華如桃李喻王姬之美，後以維絲伊緡點出兩人婚姻，描寫王姬與齊侯之婚禮，《詩序》言「美王姬也。」龍起濤認為詩雖美王姬，但首

〔註3〕龍起濤：《毛詩補正》，頁122。
〔註4〕龍起濤：《毛詩補正》，頁131。

章卻不提其人而言其車，以肅雝為主峰，言王姬車隊之敬和，由此可見王姬之形象，故曰「車字句妙」，由車見人，服德相稱，側面書寫，更能體會詩人寫作靈活而不呆板。

〈鄭風‧東門之墠〉

> 東門之墠，茹藘在阪。其室則邇，其人甚遠。
>
> 東門之栗，有踐家室。豈不爾思？子不我即。

龍評：

> 通篇為一遠字傳神，若就考槃澗阿、秋水蒹葭摹寫出來，易得事外
> 遠致。此偏從東門寫來，讀室邇人遠二句，覺得高士身分如雪中白
> 鶴，直妙筆也。〔註5〕

此詩第一章寫東門風景，東門有墠，墠邊有阪，室近而人遠，由景寫至人，由遠而近。第二章亦寫東門有栗樹，有整齊之房舍，末再以「豈不爾思」透露思念之情，「子不我即」則點出人遠之意。龍起濤認為此詩「隱士之居也。賢者見時之亂，隱於東門之外者」〔註6〕，故其評語認為此詩不似〈考槃〉直言在澗、在阿，不像〈蒹葭〉明言白露為霜，此詩自東門寫來，直到室邇人遠二句，才見此詩主體，而遠字傳神，更覺高士身分不同，如雲中白鶴，直妙筆也。

〈陳風‧東門之楊〉

> 東門之楊，其葉牂牂。昏以為期，明星煌煌。
>
> 東門之楊，其葉肺肺。昏以為期，明星晢晢。

龍評：

> 孔氏謂《序》言親迎而女猶有不至者，是終竟不至，非夜深乃至也。
> 妙在明星煌煌四字，徑住並不說到不至，四字內有一種延佇之神，
> 一般岑寂之意。覺得唐人「有約不來過夜半」（筆者案：非唐人詩，
> 乃宋人趙師秀〈約客〉），分明說出，猶見痕跡。〔註7〕

此詩疊章複沓，首章提到地點為東門茂盛之楊，有個約會在黃昏，第一至第三句點出時間與地點，第四句「明星煌煌」則表現時間的推移，由黃昏至夜晚。全詩並無透露所等為誰，最後是否相見，留給讀者想像空間。龍起濤引孔《疏》「《序》言親迎而女有不至者，是終竟不至非夜深乃至」，知女子終究

〔註5〕龍起濤：《毛詩補正》，頁421。
〔註6〕龍起濤：《毛詩補正》，頁419。
〔註7〕龍起濤：《毛詩補正》，頁650。

不至，但此詩之妙在明星煌煌一句，點出時間卻不說到不至，更有延佇之神，一般岑寂之意，並與趙師秀〈約客〉之「有約不來過夜半」相論，覺得〈約客〉明言有約不來，不如〈東門之楊〉「明星煌煌」不著痕跡，故曰「妙在明星煌煌四字」。

　　龍起濤以評語發《詩》之趣，而常用評語「妙」字，不暇一一舉例說明，茲再條列幾則如下：

　　〈小雅・鶴鳴〉龍評：「是一幅高士隱居圖，妙在以一園字貫串上下，覺得禽、魚、樹、石，無一非園中應有之物。」〔註8〕

　　〈小雅・裳裳者華〉龍評：「首因花及葉，次說花之黃，三說花之或黃、或白，便覺得有無數人物在。末更洗盡鉛華，獨標本色，有大才槃槃，隨意指揮之妙。」〔註9〕

　　〈周頌・烈文〉龍評：「此獻賓之詞，若但作錫福等語則平平常常耳。第二節語意警策，有恩威並用之妙。」〔註10〕

　　〈周頌・時邁〉龍評：「首二句總提巡守者，天子之事，天子代天理物，故曰『昊天其子』，何等堂皇、何等鄭重。妙用一其字，作疑而未定之辭。」〔註11〕

　　〈周頌・小毖〉龍評：「通首譬喻，若掩《序》語讀之，不知是甚文章，妙絕！」〔註12〕

　　〈周頌・載芟〉龍評：「自俶載至萬億及秭，言始播再耘，以至收穫之事。驛驛、厭厭、綿綿、濟濟等，既疊字又疊句，隱隱與上主伯、亞旅等整語相配。一咏人一咏苗，上截有舉錘成雲，揮汗如雨之妙。」〔註13〕

　　〈周頌・酌〉龍評：「起四句有靜如處女，動如脫兔之妙。」〔註14〕

　　〈周頌・般〉龍評：「首一句作提，妙在於簡，若再贅一句，則與各篇重複矣。」〔註15〕

〔註8〕龍起濤：《毛詩補正》，頁909。
〔註9〕龍起濤：《毛詩補正》，頁1120。
〔註10〕龍起濤：《毛詩補正》，頁1528。
〔註11〕龍起濤：《毛詩補正》，頁1544。
〔註12〕龍起濤：《毛詩補正》，頁1602。
〔註13〕龍起濤：《毛詩補正》，頁1608～1609。
〔註14〕龍起濤：《毛詩補正》，頁1623。
〔註15〕龍起濤：《毛詩補正》，頁1632。

〈魯頌・有駜〉龍評：「妙在中間振振鷺鷺一筆，忽然插入，如天外飛來，令人精神一振。」〔註16〕

由上可見，龍起濤對《詩經》的用字、用句以及修辭皆有所體會，只要細心品味，處處皆可見其妙。而透過龍起濤的評語，也讓讀者感受《詩經》在經學外的文學之美。

二、繪

繪是描繪，文字表達如繪筆一樣，能讓讀者透過文字，想像所寫之畫面。龍起濤常用「活繪」、「如繪」、「繪出」等用語，具體將文字圖象化，令人清晰感受詩人的語言。舉以下詩篇評語為例：

〈召南・摽有梅〉

> 摽有梅，其實七兮。求我庶士，迨其吉兮。
> 摽有梅，其實三兮。求我庶士，迨其今兮。
> 摽有梅，頃筐墍之。求我庶士，迨其謂之。

龍評：

> 篇中三迨字活繪出一機警女子，若以求士言，則又活繪出一求賢若
> 渴之聖主也。此詩宛然女子口角，其筆輕倩，秀韻天成，必南國夫
> 人中，能詩者為之。〔註17〕

此詩三章疊章複沓，以梅子成熟喻女子年華老去而未婚，急欲尋得庶士以嫁。龍起濤認為此詩三迨字，活繪一機警女子。女子何以機警？女子知自己青春不再，於是趁著吉日要求庶士，趁著現在要求庶士，趁著求庶士時告訴他，讓他知道其欲嫁之心。若由求士層面來看，龍起濤認為亦活繪出一求賢若渴之聖主，通篇雖以女子口吻道出欲求庶士之心，然女子何嘗不能是南國能詩之夫人？於文學評點之外，多了經學意味，而中和求賢與待嫁之說，可見龍起濤玩味詩意的觸類旁通與多元想像。

〈曹風・下泉〉

> 冽彼下泉，浸彼苞稂。愾我寤嘆，念彼周京。
> 冽彼下泉，浸彼苞蕭。愾我寤嘆，念彼京周。
> 冽彼下泉，浸彼苞蓍。愾我寤嘆，念彼京師。

〔註16〕龍起濤：《毛詩補正》，頁 1649～1650。
〔註17〕龍起濤：《毛詩補正》，頁 114。

芃芃黍苗，陰雨膏之。四國有王，郇伯勞之。

龍評：

> 愾我寤嘆四字，沈憂景象如繪，到末一章然後另換一番色澤。末二
> 句緊與前三章末句對針，前念之而此竟有之，前念其他此竟有其人，
> 其快如何？以一章收拾前三章，可云「曲終奏雅」。〔註18〕

此詩感嘆政衰世亂，還想念著當初周朝之盛世。龍起濤認為「愾我寤嘆」四
字，描繪出一沈憂景象，至末章則色澤一換，前念之而竟有之，以此章收拾
前三章，氣象一新。通過龍起濤評「愾我寤嘆」四字，讀者更可深深感受曹國
詩人傷時之心。

〈小雅·六月〉

> 六月棲棲，戎車既飭。四牡騤騤，載是常服。玁狁孔熾，我是用急。
> 王于出征，以匡王國。
> 比物四驪，閑之維則。維此六月，既成我服。我服既成，于三十里。
> 王于出征，以佐天子。
> 四牡脩廣，其大有顒。薄伐玁狁，以奏膚公。有嚴有翼，共武之服。
> 共武之服，以定王國。
> 玁狁匪茹，整居焦穫。侵鎬及方，至于涇陽。織文鳥章，白旆中央。
> 元戎十乘，以先啟行。
> 戎車既安，如輊如軒。四牡既佶，既佶且閑。薄伐玁狁，至于大原。
> 文武吉甫，萬邦為憲。
> 吉甫燕喜，既多受祉。來歸自鎬，我行永久。飲御諸友，炰鱉膾鯉。
> 侯誰在矣？張仲孝友。

龍評：

> 此與〈小戎〉篇，皆從車馬上極力形容，彼呆而此活，彼偏而此正，
> 有起有結。中間敘次亦復如畫，雖在棲棲中，仍饒整暇氣象。輕裘
> 緩帶，從武功中繪出吉甫一文字，又恐人不悟，更尋出一張仲之孝
> 友以映之。不然戰伐與孝友了不相涉，而結末故意以此句點綴，正
> 為文字出色寫照也。〔註19〕

龍起濤將此詩與〈秦風·小戎〉並論，認為〈六月〉與〈小戎〉皆形容車馬之

〔註18〕龍起濤：《毛詩補正》，頁 710。
〔註19〕龍起濤：《毛詩補正》，頁 872。

盛，然〈六月〉較〈小戎〉有起有結。〈六月〉首章描寫戰前準備，二、三章描寫出征之貌，四、五章則描寫戰爭經過，六章則是凱旋歸來，全詩有其次序，而敘述如畫，與〈小戎〉僅形容車馬之貌不同，故龍起濤認為〈六月〉較〈小戎〉活與正。其次，〈六月〉於第五章末繪出吉甫二字，又在六章以張仲映吉甫，乃文字出色之寫照。通過龍起濤評語，可見〈六月〉在解經之外的寫作靈活與輝映之趣。

其他處以「繪」為評語，亦羅列若干條如下以見之：

〈小雅・節南山〉龍評：「第八章繪出小人情狀，最為刻畫。」〔註20〕

〈小雅・雨無正〉龍評：「聽言則答，活繪出一君可亦可，君否亦否景象。」〔註21〕

〈小雅・頍弁〉龍評：「他詩多繪其人之衣服，而所美、所刺之人，絕不說出。此獨繪其冠，到第六句方將其人點出，手法一變。讀至末章於歡樂中作危語，使主人聞之，當食不下咽也。」〔註22〕

〈大雅・抑〉龍評：「通篇以威儀作主，威儀即德也。首章首二句是總籠，下八章後六句是預籠末三章，……末三章則繪出愚人不聽忠言之狀。」〔註23〕

〈周頌・載芟〉龍評：「此詩鋪敘田事，極有次序。自載芟至有略，言初耕先耘草木之事，所有主伯、亞旅等，皆千耦中人。徂者、饁者、嘗者、媚者、依者，一班士女錯雜寫來，活繪出一幅田家作苦圖。」〔註24〕

龍起濤將讀《詩經》之體會，以評語「繪」字帶出，肯定詩人之創作技巧，其讀詩頗能進入詩境、畫境，從更為多元的審美方式進入詩人的世界，釋放更為豐富的審美泉源，讓讀者與詩中人物同情共感。

三、奇

用新奇、想像的寫法，給人新鮮感、驚喜感，表現出詩人的獨創性。龍起濤常用「鍊而奇」、「奇想」、「奇筆」、「造句奇」、「語奇」、「奇創」等等，包括用字、造語、造句、聯想、摹寫等整體寫作藝術。試舉以下詩篇之評語為例說明之：

〔註20〕龍起濤：《毛詩補正》，頁952。
〔註21〕龍起濤：《毛詩補正》，頁983。
〔註22〕龍起濤：《毛詩補正》，頁1133。
〔註23〕龍起濤：《毛詩補正》，頁1407。
〔註24〕龍起濤：《毛詩補正》，頁1608。

〈秦風‧黃鳥〉

　　交交黃鳥，止于棘。誰從穆公？子車奄息。維此奄息，百夫之特。
　　臨其穴，惴惴其慄。彼蒼者天，殲我良人。如可贖兮，人百其身。
　　交交黃鳥，止于桑。誰從穆公？子車仲行。維此仲行，百夫之防。
　　臨其穴，惴惴其慄。彼蒼者天，殲我良人。如可贖兮，人百其身。
　　交交黃鳥，止于楚。誰從穆公？子車鍼虎。維此鍼虎，百夫之禦。
　　臨其穴，惴惴其慄。彼蒼者天，殲我良人。如可贖兮，人百其身。

龍評：

　　彼蒼者天二句，其聲動心，此滴淚迸血語。末句鍊而奇，《三百篇》
　　中，惟此一句。〔註25〕

此詩諷刺秦穆公死後以子車氏三兄弟殉葬一事，龍起濤認為「彼蒼者天，殲我良人」二句，其聲動心、淚滴迸血語，此評可見詩人內心之創痛與不捨。而末句「如可贖兮，人百其身」，龍起濤評鍊而奇，以八字表現出秦國詩人寧願以百人換子車氏三兄弟，如此堅決口吻，在《詩經》中僅見於〈黃鳥〉，故曰「鍊而奇」。

〈小雅‧巷伯〉

　　萋兮斐兮，成是貝錦。彼譖人者，亦已大甚。
　　哆兮侈兮，成是南箕。彼譖人者，誰適與謀？
　　緝緝翩翩，謀欲譖人。慎爾言也，謂爾不信。
　　捷捷幡幡，謀欲譖言。豈不爾受？既其女遷。
　　驕人好好，勞人草草。蒼天蒼天！視彼驕人，矜此勞人。
　　彼譖人者，誰適與謀？取彼譖人，投畀豺虎；豺虎不食，投畀有北；
　　有北不受，投畀有昊。
　　楊園之道，猗于畝丘。寺人孟子，作為此詩。凡百君子，敬而聽之。

龍評：

　　起二章兩譬喻，造語精工，創所未有。次二章是正面，連用八疊字
　　極力描寫，下兩句代為叮囑、代為商量妙極。第五章總上四章，積
　　健為雄，感憤欲絕。一視字絕妙，不言報應而報應意自在言外。第
　　六章幻作奇想，遂成奇筆。取彼譖人句，陡然一筆，動心駭目。末

〔註25〕龍起濤：《毛詩補正》，頁611～612。

章點出居址、姓名、官職，以一敬字作結。通篇蒼涼感喟，自成結

構，何物寺人，乃有此筆端？〔註26〕

此詩乃怒斥造謠誣陷者之詩，第六章言該造謠者，誰與之謀？將他交給豺虎，
豺虎也不肯吃他；將他丟在北方不毛之地，不毛之地也不肯收他，那只好交
給老天發落了！此章雖為幻想，但不難看出詩人對造謠者之痛恨，更期待老
天給予報應。正因豺虎不食、有北不受等奇幻筆法，透過聯想，賦予該詩更
深的體會，亦見詩人對造謠者之痛恨，故龍起濤評「遂為奇筆」。

〈小雅‧大田〉第三章：

有渰萋萋，興雨祈祈，雨我公田，遂及我私。彼有不穫穉，此有不

斂穧；彼有遺秉，此有滯穗，伊寡婦之利。

龍評：

雨豈有公私哉？而曰「雨我公田，遂及我私」，立意幻而造語奇，板

重之中，得此等句，分外生色。卻令人思惠帝蛤蟆一問，原有由來

也。〔註27〕

此詩第三章前二句，描寫天空雲眾多，後降雨於田中，詩人不直言雨落眾田，
而曰「雨我公田，遂及我私。」龍起濤認為雨豈有公私？此二句立意幻而語
奇，肯定詩人用字造語，而這兩句更讓人聯想晉惠帝聞蛤蟆鳴，遂問其所鳴
為官？為私？好奇蛤蟆鳴是因為有人命令牠，還是自己在鳴叫？龍起濤寫下
自己讀《詩》時的聯想，更增添此詩之趣。

〈大雅‧大明〉第四章：

大邦有子，俔天之妹。文定厥祥，親迎于渭。造舟為梁，不顯其光。

龍評：

俔天之妹造句最奇。俔從見，盧學士所云：「見若神人也。」〈周頌〉

有「昊天其子」，有子則有妹，後人更幻出天孫、日兄、月姊之類，

想俱從此脫胎。〔註28〕

〈周頌‧時邁〉「昊天其子之」，言「視之如子」〔註29〕，即上天視之如子；
〈大明〉「俔天之妹」，言「就像天仙」〔註30〕，以天仙喻待嫁女子。龍起濤

〔註26〕龍起濤：《毛詩補正》，頁1035。

〔註27〕龍起濤：《毛詩補正》，頁1111。

〔註28〕龍起濤：《毛詩補正》，頁1243。

〔註29〕呂珍玉：《詩經詳析》，頁590。

〔註30〕呂珍玉：《詩經詳析》，頁487。

認為有子則有妹，將兩詩句子對照同論。又認為後人之天孫、日兄、月姊等詞，皆脫胎自〈大明〉「倪天之妹」，故曰「倪天之妹造句最奇」，可見龍起濤對《詩經》用字的體會之外，亦關注《詩經》對我國語言和文學的影響。

〈大雅・召旻〉

　　旻天疾威，天篤降喪，瘨我饑饉，民卒流亡，我居圉卒荒。

　　天降罪罟，蟊賊內訌。昏椓靡共，潰潰回遹，實靖夷我邦。

　　皋皋訿訿，曾不知其玷。兢兢業業，孔填不寧，我位孔貶。

　　如彼歲旱，草不潰茂，如彼棲苴。我相此邦，無不潰止。

　　維昔之富，不如時；維今之疚，不如茲。彼疏斯粺，胡不自替，職兄斯引？

　　池之竭矣，不云自頻？泉之竭矣，不云自中？溥斯害矣，職兄斯弘，不烖我躬？

　　昔先王受命，有如召公，日辟國百里；今也日蹙國百里。於乎哀哉！

　　維今之人，不尚有舊。

龍評：

　　首章是冒，居圉句與末章辟國、蹙國暗相呼應。次是通篇精神結聚
　　處，刻畫小人情狀如繪，字法、句法俱極奇創。第三章是二章餘意
　　未盡，第四章以無不潰止作斷語，大意已盡。五、六章又從時事重
　　加感慨一番，末章提起筆端追憶先王，點出召公。末句咄然而止，
　　大似鄭五作歇後語。〔註31〕

龍起濤認為第一章是總論，「居圉」和末章「辟國」、「蹙國」相呼應。第二章是全詩精神所在，短短五句，便生動描繪出惡人爭訟誣陷、造謠害人，國家昏亂無救樣態。「蟊賊」、「昏椓」「潰潰」等詞語，於刻畫小人情狀，都是奇創。第三章延續次章，繼續寫小人亂政害人。第四章以「無不潰止」論斷惡人終將亂國，全詩大意已寫盡；然而五、六章又從時事加重感慨。末章則追憶先王、召公之德政及國勢之強，而今慢慢領土縮小，咄然停止，猶如「鄭五作宰相，時事可知矣」（筆者案：即龍評之「鄭五作歇後語」義。），感嘆今之施政不如昔時。龍起濤認為此詩之遣詞造句、刻畫小人、章法安排、口吻語氣等，都有奇特不俗的表現。

〔註31〕龍起濤：《毛詩補正》，頁 1508。

四、佳

　　龍起濤在評語中，常以「尤佳」、「甚佳」等用語，欣賞詩人遣詞造句、文意貫串之處，表達其讀詩之體會。

　　〈陳風‧澤陂〉

　　　　彼澤之陂，有蒲與荷。有美一人，傷如之何！寤寐無為，涕泗滂沱。

　　　　彼澤之陂，有蒲與蕑。有美一人，碩大且卷。寤寐無為，中心悁悁。

　　　　彼澤之陂，有蒲菡萏。有美一人，碩大且儼。寤寐無為，輾轉伏枕。

　　龍評：

　　　　通首繾綣纏綿，流連感傷，容易看作香奩體。得二、三章碩大且卷、
　　　　碩大且儼八字鎮之，身分自出。所謂襃公、鄂公毛髮動也，此八字
　　　　可抵一幅王彥章畫像，一儼字尤佳。〔註32〕

龍起濤認為此詩若無「碩大且卷」、「碩大且儼」八字，則易看作香奩體，知其對此八字之推崇。其曰「一儼字尤佳」，何以言佳？龍起濤案：

　　　　觀篇內碩大且儼、且卷之句，卷與鬈同，自屬鬚眉男子。一儼字雅，
　　　　有正笏垂紳之度，殊非妖童豔女可比。〔註33〕

由龍起濤案語可知，卷與儼兩字，正是鬚眉男子、莊重嚴肅之貌，故龍起濤以杜甫〈丹青引贈曹將軍霸〉一詩中，「襃公鄂公毛髮動」句對比此詩男子，以唐代武將段志玄（筆者案：即襃公）、尉遲恭（筆者案：即鄂公）的形象，帶出此詩男子之神采樣貌，由一字見形體，比歐陽修〈王彥章畫像記〉技巧更優，故曰「此八字可抵一幅王彥章畫像」，肯定「儼」字在此詩用得好。

　　〈大雅‧文王有聲〉

　　　　文王有聲，遹駿有聲，遹求厥寧，遹觀厥成。文王烝哉！

　　　　文王受命，有此武功；既伐于崇，作邑于豐。文王烝哉！

　　　　築城伊淢，作豐伊匹。匪棘其欲，遹追來孝。王后烝哉！

　　　　王公伊濯，維豐之垣。四方攸同，王后維翰。王后烝哉！

　　　　豐水東注，維禹之績。四方攸同，皇王維辟。皇王烝哉！

　　　　鎬京辟廱，自西自東，自南自北，無思不服。皇王烝哉！

　　　　考卜維王，宅是鎬京。維龜正之，武王成之。武王烝哉！

〔註32〕龍起濤：《毛詩補正》，頁668。
〔註33〕龍起濤：《毛詩補正》，頁664。

豐水有芑，武王豈不仕？詒厥孫謀，以燕翼子。武王烝哉！

龍評：

> 前後四章，明點文、武，中間四章變文，言王后、言皇王，分明不
> 便說文亦不便說武，只好空空洞洞，極意贊嘆。然二、三、四、五
> 章，不脫豐字，見得總是文王餘烈。第六章先點鎬京，第七章始言
> 武王宅之，是倒敘法。第八章但言豐水而不及鎬，以豐水、鎬與豐
> 共之用作總結，使前後一串，父子亦一串甚佳。〔註34〕

此詩第一到四章敘文王自歧遷豐之事，第五到八章敘武王自豐遷鎬之事。龍
起濤認為第八章言豐水而不及鎬，以豐水聯結豐與鎬，知武王遷鎬，見得此
詩之連貫成串，亦將文、武兩父子貫串，見得用字之佳。通過龍起濤評語，讀
者可見字詞使用之佳，亦見詩人作詩之用心。

其他不一一舉例，條列幾則如下：

〈周頌·振鷺〉「振鷺于飛，于彼西雝。我客戾止，亦有斯容。在彼無惡，
在此無斁。庶幾夙夜，以永終譽。」龍評：「末二句微帶儆戒意尤佳。」〔註35〕

〈魯頌·駉〉，第二章「駉駉牡馬，在坰之野。薄言駉者，有騅有駓，有騂
有騏，以車伾伾。私無期，思馬斯才。」龍評：「第二章才字尤佳。」〔註36〕

除了妙、繪、奇、佳之外，其他諸如忠厚、蘊藉、美刺等等，也都是他常
用的評語，將在第六章評點精神中討論，此處不贅述。從本節所論《毛詩補
正》常用評語，可見龍起濤於解經之外，評析《詩經》的文學藝術，呈現他讀
詩的個人體會與文藝修養。

第二節　評點字詞

《詩經》多為四言體裁，篇幅大多短小，故在用字遣詞上必須用心，而
字詞若使用得當，則能透過文字更好的抒情達意。龍起濤於《詩經》字詞亦
有體會，以下舉數例作為說明。

一、評點虛字

虛詞在語義上是無意義的字，常見虛詞有介詞、連詞、助詞、嘆詞。龍

〔註34〕龍起濤：《毛詩補正》，頁 1311。
〔註35〕龍起濤：《毛詩補正》，頁 1564。
〔註36〕龍起濤：《毛詩補正》，頁 1646。

起濤認為《詩經》在虛字的應用上，可達到調節節奏的緊促或舒緩，以及更好傳達人物的神情。透過龍起濤對虛字的體會，讀者更能理解虛字在詩篇中的重要性，也讓人不得不佩服詩人寫作的用心。

〈召南・野有死麕〉

野有死麕，白茅包之。有女懷春，吉士誘之。

林有樸樕，野有死鹿。白茅純束，有女如玉。

舒而脫脫兮，無感我帨兮，無使尨也吠。

龍評：

首二句鶻突而入，特下一死字，預伏感帨驚尨之神，再接出有女二字，為入題點醒之筆，懷春二字鑄鍊為後世閨情開山之祖。次章縮得妙，末換用兮字調，急弦促節忽變為緩緩歸來之曲。冷譏熱諷，覺得野麕、野鹿如許熱鬧，祇嚇得山中尨吠，何等嘲笑。〔註37〕

龍起濤認為〈野有死麕〉第三章使用「兮」字，使前兩章的急促音節得到調和，變為緩緩歸來之曲，可見他讀詩很重視詩的音樂性節奏和人的情感變化關係。

〈鄘風・桑中〉

爰采唐矣，沬之鄉矣。云誰之思？美孟姜矣。期我乎桑中，要我乎上宮，送我乎淇之上矣。

爰采麥矣，沬之北矣。云誰之思？美孟弋矣。期我乎桑中，要我乎上宮，送我乎淇之上矣。

爰采葑矣，沬之東矣。云誰之思？美孟庸矣。期我乎桑中，要我乎上宮，送我乎淇之上矣。

龍評：

通首以四矣字為節奏起手，一句一矣字，次兩句一矣字，三三句一矣字，一氣流走，極縱送之妙。〔註38〕

龍起濤認為〈桑中〉「矣」字為此詩之節奏。透過龍起濤評語，可見「矣」字在詩中的功能，讓此詩讀來更有節奏感，也見此詩之整體性與脈絡。

〈鄭風・清人〉

清人在彭，駟介旁旁。二矛重英，河上乎翱翔。

〔註37〕龍起濤：《毛詩補正》，頁127。
〔註38〕龍起濤：《毛詩補正》，頁238。

清人在消，駟介麃麃。二矛重喬，河上乎逍遙。

清人在軸，駟介陶陶。左旋右抽，中軍作好。

龍評：

上二章於句腰增一乎字，其音於清脆中帶感慨。〔註39〕

龍起濤認為〈清人〉前兩章於句腰增一「乎」字，讓語句間形成音節之外，亦帶感慨，他讀詩於聲情的掌握頗有可取之處。

〈大雅‧緜〉第八章：

肆不殄厥慍，亦不隕厥問。柞棫拔矣，行道兌矣。混夷駾矣，維其喙矣。

龍評：

八章以肆字接下，連用四矣字，見得木拔道通，昆夷遠遁，均屬已然之事，與前四章不同，故用筆一變。〔註40〕

本詩描寫古公亶父遷國開基的功業，一至七章敘述亶父遷歧、築室，八、九章則寫文王驅逐混夷，天下歸附。龍起濤認為八章連用四「矣」字，「矣」字在此表現肯定語氣，與前四章不同，可知木拔道通，昆夷遠遁，故曰「均屬已然之事」。

〈大雅‧卷阿〉一至四章：

有卷者阿，飄風自南。豈弟君子，來游來歌，以矢其音。

伴奐爾游矣，優游爾休矣。豈弟君子，俾爾彌爾性，似先公酋矣。

爾土宇昄章，亦孔之厚矣。豈弟君子，俾爾彌爾性，百神爾主矣。

爾受命長矣，茀祿爾康矣。豈弟君子，俾爾彌爾性，純嘏爾常矣。

龍評：

此頌揚體也。首章發端，卷阿是其地，南風是其時，來遊來歌是其事。次章以伴奐優游接下，連用三俾爾、數矣字，神情躍躍，雖頌揚語而皆自彌性說來，卻是性分中事，頌揚得體。〔註41〕

此詩乃周王出遊卷阿，詩人作詩讚美。龍起濤認為二章至四章連用三「俾爾」、數「矣」字，神情躍躍，可見虛字使詩句情態鮮活，見得君子躍躍神情，其遊卷阿時的風度神情，流露無遺。

〔註39〕龍起濤：《毛詩補正》，頁388。
〔註40〕龍起濤：《毛詩補正》，頁1258。
〔註41〕龍起濤：《毛詩補正》，頁1368。

二、評點重複字詞

《詩經》中常見字詞重複使用，固然是因《詩經》本身為音樂性文學，可以起到迴環往覆之效，在文義上也可以加強表達詩人的情感。龍起濤對這些重複出現的字詞亦有體會，吟詠玩味，註上個人評語，發詩人寫作別裁用心，亦提供讀詩者玩味詩意之資。

（一）評點重複字

〈衛風・考槃〉

> 考槃在澗，碩人之寬。獨寐寤言，永矢弗諼。
> 考槃在阿，碩人之薖。獨寐寤歌，永矢弗過。
> 考槃在陸，碩人之軸。獨寐寤宿，永矢弗告。

龍評：

> 〈簡兮〉、〈北門〉、〈北風〉諸篇皆露痕跡，惟此篇悠然物外，饒有
> 自得之趣。玩三獨字、三永矢字，恍遇陶靖節、徐孺子一流人物。
> 〔註42〕

龍起濤認為此詩乃「賢者隱居之樂」〔註43〕，由三「獨」字、三「永矢」字中，恍如遇見陶淵明、徐稺等淡泊名利之人，不明說亦不露痕跡卻有自得之趣。實從「獨」字，性格孤傲與眾不同，甚至深知隱居之孤獨，耐得住寂寞；以及「永矢」字，恆常持守此種心境和態度，不受到世俗影響而變遷己志，寫活一個能安貧自得的隱者形象。

〈小雅・楚茨〉

> 楚楚者茨，言抽其棘。自昔何為？我藝黍稷。我黍與與，我稷翼翼。
> 我倉既盈，我庾維億。以為酒食，以享以祀，以妥以侑，以介景福。
> 濟濟蹌蹌，絜爾牛羊，以往烝嘗。或剝或亨，或肆或將。祝祭于祊，
> 祀事孔明。先祖是皇，神保是饗。孝孫有慶，報以介福，萬壽無疆。
> 執爨踖踖，為俎孔碩，或燔或炙。君婦莫莫，為豆孔庶。為賓為客，
> 獻醻交錯。禮儀卒度，笑語卒獲。神保是格。報以介福，萬壽攸酢。
> 我孔熯矣，式禮莫愆。工祝致告，徂賚孝孫。苾芬孝祀，神嗜飲食。
> 卜爾百福，如幾如式。既齊既稷，既匡既勑。永錫爾極，時萬時億。

〔註42〕龍起濤：《毛詩補正》，頁278。
〔註43〕龍起濤：《毛詩補正》，頁277。

禮儀既備，鍾鼓既戒。孝孫徂位，工祝致告。神具醉止，皇尸載起。
鼓鐘送尸，神保聿歸。諸宰君婦，廢徹不遲。諸父兄弟，備言燕私。
樂具入奏，以綏後祿。爾殽既將，莫怨具慶。既醉既飽，小大稽首。
神嗜飲食，使君壽考。孔惠孔時，維其盡之。子子孫孫，勿替引之。

龍評：

全篇篇法以祭祀為主，其章法具有次第，其句法、字法亦俱不苟。
首章以黍稷為主，推尋原本，從楚茨說來，自昔何為？以下連用五
我字、六以字，一氣貫注，勢流走而句仍蒼堅。次章以牛羊為主，
連用四或字，見得執事者各執其事，為蹌蹌濟濟作注腳也。〔註44〕

龍起濤認為首章使用五個我字與六個以字，在文章走勢上呈現一氣呵成之貌。
第二章四或字，見執事者分工、各執其事之貌，表現出祭祀時，大家莊嚴恭
敬的形象，為濟濟蹌蹌下了最好的注解。

〈魯頌‧駉〉

駉駉牡馬，在坰之野。薄言駉者，有驈有皇，有驪有黃，以車彭彭。
思無疆，思馬斯臧。
駉駉牡馬，在坰之野。薄言駉者，有騅有駓，有騂有騏，以車伾伾。
思無期，思馬斯才。
駉駉牡馬，在坰之野。溥言駉者，有驒有駱，有駵有雒，以車繹繹。
思無斁，思馬斯作。
駉駉牡馬，在坰之野。薄言駉者，有駰有騢，有驔有魚，以車祛祛。
思無邪，思馬斯徂。

龍評：

開手徑從馬起，薄言句作問辭，下四有字乃極力鋪排。第七句撲到
君心上，是拓開之筆。末句仍勒歸思馬，尾用一字作收，彌見老鍊。
〔註45〕

四「有」字在此詩似在介紹不同顏色之馬，然而仔細咀嚼，其實不單只介紹
馬之顏色不同，更有馬匹眾多之感。詩人每章各用四「有」字，帶出馬匹之盛
以贊頌魯僖公，不單寫馬更見詩人之工。龍起濤評四「有」字乃極力鋪排，更
讓詩中馬之盛況形象生動。

〔註44〕龍起濤：《毛詩補正》，頁1092。
〔註45〕龍起濤：《毛詩補正》，頁1646。

（二）評點重複詞

〈王風・采葛〉

> 彼采葛兮，一日不見，如三月兮！
>
> 彼采蕭兮，一日不見，如三秋兮！
>
> 彼采艾兮，一日不見，如三歲兮！

龍評：

> 空中宕漾，令人不可捉摸，然一日不見四字，明露痕跡。此四字卻
> 是自古至今一緊要關頭，寥寥短章，情蹙而詞迫。〔註46〕

龍起濤認為「一日不見」自古至今皆緊要關頭，肯定《詩經》字詞使用對後世
的影響，而此四字讓此詩顯得情蹙詞迫。透過龍起濤的評語，可體會「一日
不見」四字所包含的濃厚情感，此詩短短三十六字，卻顯得如此情深，「一日
不見」四字，實在功不可沒。

〈小雅・鴻鴈〉

> 鴻鴈于飛，肅肅其羽。之子于征，劬勞于野。爰及矜人，哀此鰥寡。
>
> 鴻鴈于飛，集于中澤。之子於垣，百堵皆作。雖則劬勞，其究安宅。
>
> 鴻鴈于飛，哀鳴嗸嗸。維此哲人，謂我劬勞。維彼愚人，謂我宣驕。

龍評：

> 起二句有飛鴻滿野之象，第三句緊接之子，之子本廟堂上人，此番
> 乃劬勞于野，于野未已，第二章乃復于垣。蓋首章勞來故于野，次
> 章于垣乃還定也，三章則勞來還定之功已畢，此中不知費幾許心力。
> 然惟通達治體之人，始曉得他一番薑勞，其餘不曉事人，以為侈言
> 勞績而已。通篇深淺次第分明，首尾完善。三箇劬勞是主腦，具見
> 中興名臣作用，不是僅繪鄭俠〈流民圖〉也。〔註47〕

此詩詩旨龍起濤認為是「撫流民也」〔註48〕，並以為劬勞為此詩主腦，而三
個「劬勞」更見中興名臣作用，並與北宋鄭俠〈流民圖〉相論，〈鴻鴈〉雖在
撫民，卻不著重在流民身上，從「鴻鴈于飛」物象呈現當時哀鴻遍野景象，以
及朝中撫民官吏之辛勞中去體會，與〈流民圖〉直繪流民形象不同，見得書
寫意境更勝一籌。

〔註46〕龍起濤：《毛詩補正》，頁 352。

〔註47〕龍起濤：《毛詩補正》，頁 897。

〔註48〕龍起濤：《毛詩補正》，頁 896。

三、評點用字

《詩經》用字多有用心，細細咀嚼體會，便能感受詩人巧思。龍起濤對此亦有體會，認為字若使用得當，可以見形貌、達貶義，甚至體物描景，以下略舉數例說明：

〈周南‧桃夭〉

> 桃之夭夭，灼灼其華。之子于歸，宜其室家。
>
> 桃之夭夭，有蕡其實。之子于歸，宜其家室。
>
> 桃之夭夭，其葉蓁蓁。之子于歸，宜其家人。

龍評：

> 詩旨在一宜字，此宜字即〈關雎〉一淑字。宋儒謂「孝不衰於舅姑，敬不違於夫子，慈不遺於卑幼，義不拂於夫之兄弟，而後可謂之宜。」此詩以桃花起興，而以一宜字為頌、為戒，後世千言萬語，無有能踰之者。〔註49〕

此詩為嫁女之詩，龍起濤評「宜」字以揭示全詩精神所在，他將「宜」字和〈關雎〉「淑」字同看，更能感受女子之賢淑模樣。透過「宜」字，讀者彷彿見一賢淑女子，傳達詩中人物形貌。

〈召南‧鵲巢〉

> 維鵲有巢，維鳩居之。之子于歸，百兩御之。
>
> 維鵲有巢，維鳩方之。之子于歸，百兩將之。
>
> 維鵲有巢，維鳩盈之。之子于歸，百兩成之。

龍評：

> 〈麟趾〉衹言麟，此篇衹言鳩，用一字而全身俱見，古人高妙處。
>
> 然〈麟趾〉猶有振振二字作贊詞，此篇只是平平敘去，更不添一語。
>
> 〔註50〕

〈麟趾〉，《詩序》言「〈關雎〉之應也」，〈鵲巢〉則曰「夫人之德」，龍起濤認為「〈鵲巢〉之鳩其即〈關雎〉之鳩也」〔註51〕，以鳩字見夫人之德，並與〈麟趾〉同論，兩首詩都以一字見全身，肯定《詩經》用字之精準。

〔註49〕龍起濤：《毛詩補正》，頁 62。
〔註50〕龍起濤：《毛詩補正》，頁 86。
〔註51〕龍起濤：《毛詩補正》，頁 85。

〈邶風‧新臺〉

　　新臺有泚，河水瀰瀰。燕婉之求，籧篨不鮮。

　　新臺有洒，河水浼浼。燕婉之求，籧篨不殄。

　　魚網之設，鴻則離之。燕婉之求，得此戚施。

龍評：

　　於新臺之高壯閎麗，宜如何頌揚？而且築於河干，其風景尤足供人

　　渲染。乃詩人特下一泚字，此一字之貶也，故《詩》與《春秋》相

　　表裏。〔註52〕

龍起濤以為此詩「刺衛宣也」〔註53〕，宣公為劫奪兒子伋妻，築高壯閎麗之
新臺於黃河岸，故詩人下一「泚」字，以麗辭反襯宣公之醜行，「泚」字見此
詩之貶，頗有《春秋》一字寓褒貶之義。

〈衛風‧有狐〉

　　有狐綏綏，在彼淇梁。心之憂矣，之子無裳。

　　有狐綏綏，在彼淇厲。心之憂矣，之子無帶。

　　有狐綏綏，在彼淇側。心之憂矣，之子無服。

龍評：

　　狐，野獸亦邪獸。〈南山〉章加一雄字，其狐便有作勢作威意，此處

　　拈一有字，則有曠野蕭條、狐行無伴意。下一字而全身俱動，非古

　　人無此神筆。〔註54〕

龍起濤認為狐是野獸亦是邪獸，端看詩人如何下字。如〈南山〉第一章「南山
崔崔，雄狐綏綏」，在狐前加一「雄」字，便覺此狐雄霸一方，侵犯占有慾強，
有作勢作威之義；而〈有狐〉「有狐綏綏」，以「綏綏」緩行，有氣無力狀之，
則給人形單影隻之感。同樣寫狐，龍氏說「下一字而全身俱動」，肯定《詩經》
用字之精準，讀者讀詩亦應進入詩境，深體詩人之意。

四、評點形貌聲情

　　傳統《詩經》研究向來不注重文學審美，透過龍起濤的評語，讀者能體
會詩人作詩時，在遣詞用字上的巧思與用心，並且對字詞所表現出的形貌、

〔註52〕龍起濤：《毛詩補正》，頁219。
〔註53〕龍起濤：《毛詩補正》，頁218。
〔註54〕龍起濤：《毛詩補正》，頁309。

聲情加以評點，讓讀者如聞聲見形般，描繪出可感受的情境，然後進入詩中人物的世界。以下略舉數例說明之：

〈鄭風·野有蔓草〉第一章：

野有蔓草，零露漙兮。有美一人，清揚婉兮。邂逅相遇，適我願兮。

龍評：

邂逅相遇，適我願兮，此八字有色飛眉舞之致。〔註55〕

「邂逅相遇，適我願兮」，字面意思為今日不期而遇，符合我的希望，可見此人邂逅女子心情愉快。龍起濤說此八字有色飛眉舞之致，頓時將男子驚豔美人與狂戀她的神情表現出來，若是只單看字面，可能沒有這麼深刻的體會，但透過龍起濤的評語，則瞬間體悟詩中男子油然而悅、無法言狀的心理世界，更生動描繪出此人渴望愛情之神情。

〈齊風·還〉

子之還兮，遭我乎猺之間兮。並驅從兩肩兮，揖我謂我儇兮。

子之茂兮，遭我乎猺之道兮。並驅從兩牡兮，揖我謂我好兮。

子之昌兮，遭我乎猺之陽兮。並驅從兩狼兮，揖我謂我臧兮。

龍評：

山間、山道、山陽，有肩、有牡、有狼，曰遭、曰並、曰揖，意氣
飛動，鬱鬱見眉睫間。但見一來一往，車馳人奔、口語嘈雜，如掛
一幅射獵圖。〔註56〕

龍起濤以一幅射獵圖來欣賞這首詩，空間上的佈局有間、道、山，追逐的獵物有肩、牡、狼，畫面中出現兩個偶遇的傑出獵人，原先個自狩獵，後來商議合作，車馳人奔，追逐獵物大有斬獲，畫面熱鬧，意氣飛動。肯定詩作充滿畫面感，詩中有畫，讀者亦用此方式來讀詩，進入詩境之中，感受詩人高妙的創作藝術，以及享受詩中優秀獵人狩獵的活力。

諸如此類詩中有畫，揭示詩人如畫手、描聲、描形、寫心、寫情，充滿畫面感的詩篇，龍氏都予以簡單幾句的評點，透過他的評點，讀者和詩人有了更多的交涉，更容易進入詩人的情感世界，對詩篇的畫面留下深刻印象。再補充幾首詩例如下：

〈秦風·黃鳥〉龍評：「彼蒼者天二句，其聲動心，此滴淚迸血語。末句

〔註55〕龍起濤：《毛詩補正》，頁438。

〔註56〕龍起濤：《毛詩補正》，頁455。

鍊而奇，《三百篇》中，惟此一句。」〔註57〕

〈檜風·匪風〉，第三章「誰能亨魚？溉之釜鬻。誰將西歸？懷之好音。」龍評：「末章一懷字、兩誰字、一西字，有風景依然，舉目有江山之異，又有對此茫茫，百端交集意。」〔註58〕

〈小雅·鼓鐘〉，第一章「鼓鐘將將，淮水湯湯，憂心且傷。淑人君子，懷允不忘。」龍評：「將將湯湯，正在流連光景，極熱極鬧之候，忽接憂心且傷四字，令人愴然生悲。筆墨入神，乃至於此。」〔註59〕

〈大雅·桑柔〉，第十四章至第十六章「嗟爾朋友，予豈不知而作？如彼飛蟲，時亦弋獲。既之陰女，反予來赫。民之罔極，職涼善背。為民不利，如云不克。民之回遹，職競用力。民之未戾，職盜為寇。涼曰不可，覆背善詈。雖曰匪予，既作爾歌。」龍評：「末三章規諷僚友，曰來赫、曰善詈，寫盡小人情狀，淒管哀弦，如訴如泣。」〔註60〕

以上皆是龍起濤對《詩經》字詞的評點，透過龍起濤的評語，讓讀者深刻體會《詩經》在用字遣詞上的背後意義。透過字詞傳達形貌、以字詞表現情緒，不明白說出，卻隱隱透露，此乃《詩經》寫作技巧高明之處。

第三節　評點章法

此節之章法係指詩篇章與章之間的結構，或討論整首詩篇之內容與手法。龍起濤《毛詩補正》評析章法結構用語如：變、回應、相應、次序、反題正作等等，透過章法的評析，對《詩經》作出更詳細的藝術分析，且透過章法結構的評析，讀者能更清楚瞭解《詩經》的章法藝術。

一、變

變即變化，變化句式或寫作手法，讓詩篇不致呆板而平直。龍起濤對章法的變化，有其個人的見解，尤其章法的中途變化，往往使一首詩在平直的敘述下，有一番不同的氣象，如：

〈小雅·小旻〉

旻天疾威，敷于下土。謀猶回遹，何日斯沮？謀臧不從，不臧覆用。

〔註57〕龍起濤：《毛詩補正》，頁611～612。

〔註58〕龍起濤：《毛詩補正》，頁687。

〔註59〕龍起濤：《毛詩補正》，頁1082。

〔註60〕龍起濤：《毛詩補正》，頁1426。

我視謀猶，亦孔之邛。

瀸瀸訿訿，亦孔之哀！謀之其臧，則具是違。謀之不臧，則具是依。
我視謀猶，伊于胡厎。

我龜既厭，不我告猶。謀夫孔多，是用不集。發言盈庭，誰敢執其
咎？如匪行邁謀，是用不得于道。

哀哉為猶！匪先民是程，匪大猶是經。維邇言是聽，維邇言是爭。
如彼築室于道謀，是用不潰于成。

國雖靡止，或聖或否。民雖靡膴，或哲或謀，或肅或艾。如彼泉流，
無淪胥以敗。

不敢暴虎，不敢馮河。人知其一，莫知其他。戰戰兢兢，如臨深淵，
如履薄冰。

龍評：

通篇以謀猶回遞句作主，前兩章末均言我視，句法一樣。後四章均
用譬喻煞，而前三章（筆者案：第三章到第五章）各用一譬喻，語
長而氣舒。末章（筆者案：第六章）疊兩如字用兩譬喻，句短而勁，
與前三章稍變。〔註61〕

〈小旻〉一詩乃刺王惑於邪謀，不能從善而作。龍起濤認為第三章到第六章
句末，都使用譬喻結束，譬喻讓句子讀來語長氣舒，但不同的是，第六章使
用了疊字「戰戰兢兢」，雖仍以譬喻作結，但已讓章法改變，變為句短而勁。
由龍起濤的評語可知，運用不同的修辭手法，可改變敘述口吻、語氣，呈現
章法變化之活。

〈小雅・頍弁〉

有頍者弁，實維伊何？爾酒既旨，爾殽既嘉。豈伊異人？兄弟匪他。
蔦與女蘿，施于松柏。未見君子，憂心奕奕。既見君子，庶幾說懌。
有頍者弁，實維何期？爾酒既旨，爾殽既時。豈伊異人？兄弟具來。
蔦與女蘿，施于松上。未見君子，憂心怲怲。既見君子，庶幾有臧。
有頍者弁，實維在首。爾酒既旨，爾殽既阜。豈伊異人？兄弟甥舅。
如彼雨雪，先集維霰。死喪無日，無幾相見。樂酒今夕，君子維宴。

龍評：

他詩多繪其人之衣服，而所美、所刺之人，絕不說出，此獨繪其冠，

到第六句方將其人點出，手法一變。讀至末章於歡樂中作危語，使主
人（筆者案：龍起濤以為幽王〔註62〕）聞之，當食不下咽也。〔註63〕

龍起濤認為他詩多繪其人衣服以美以刺，但此詩獨由描繪其冠開始，至「兄
弟匪他」始點出其身分，手法一變。又此詩於末章作危語，「死喪無日，無幾
相見。樂酒今夕，君子維宴」，用以警惕幽王。由龍起濤的評語可知，此詩有
兩變，第一個變化是繪人之冠，後點明身分，知原是幽王手足，故知此詩乃
刺幽王惑於褒姒，與他詩不明言不同。此詩第二變是於末章作危語，歡樂氣
氛頓時改變，以警幽王。龍起濤此評章法之變，有助讀者認識《詩經》之章法
變化及藝術，更可見《詩經》寫作手法之多變。

〈魯頌・有駜〉

有駜有駜，駜彼乘黃。夙夜在公，在公明明。振振鷺，鷺于下。鼓
咽咽，醉言舞。于胥樂兮。

有駜有駜，駜彼乘牡。夙夜在公，在公飲酒。振振鷺，鷺于飛。鼓
咽咽，醉言歸。于胥樂兮。

有駜有駜，駜彼乘駶。夙夜在公，在公載燕。自今以始，歲其有。
君子有穀，詒孫子。于胥樂兮

龍評：

此篇通體描畫一樂字，而首章之明明、末章之詒穀，則又有好樂無
荒之意。妙在中間振振鷺一筆，忽然插入，如天外飛來，令人精神
一振。〔註64〕

此詩表達喜慶豐收、宴飲歡樂、君臣醉舞之情景〔註65〕。龍起濤認為「振振
鷺」忽然插入，令人精神一振，何以精神一振？龍起濤曰：「忽然插入，變調
生新。」〔註66〕此詩三章前四句以寫馬起頭，接著轉言廟堂辦公之勤，為一
忙碌之景，後突接「振振鷺」，群臣入宴，仿如白鷺群飛宮中，開啟宴飲歡樂，

〔註62〕龍起濤以為此詩為同姓諸公飲酒悲傷，乃因幽王惑褒姒深居不出，兄弟甥舅
　　　　抱未見之憂……此戴弁而來非他人，乃兄弟也。兄弟於王，如蔦蘿之施松柏，
　　　　故未見而憂，既見而喜，而奈何不識此頍弁者為何人。見龍起濤：《毛詩補正》，
　　　　頁1130。

〔註63〕龍起濤：《毛詩補正》，頁1133。

〔註64〕龍起濤：《毛詩補正》，頁1649～1650。

〔註65〕呂珍玉：《詩經詳析》，頁634。

〔註66〕龍起濤：《毛詩補正》，頁1646。

與前四句忙碌之景迥然不同，故龍起濤認為「令人精神一振」。龍起濤以物象（白鷺）談詩，創新獨特，在情境上有其見解。

二、呼應

呼應是為了使文章主題表達更完整，於是在前文埋下伏筆，於後文有所揭示，或是前文交代過，在後文有個著落等等。龍起濤評點章法亦有言及呼應，其稱作回應、相應，透過呼應手法，可揭示詩之主題、強化主題，讓文章得以更加完整而連貫，以下舉數例說明：

〈邶風·谷風〉

> 習習谷風，以陰以雨。黽勉同心，不宜有怒。采葑采菲，無以下體？
> 德音莫違，及爾同死。
>
> 行道遲遲，中心有違。不遠伊邇，薄送我畿。誰謂荼苦？其甘如薺。
> 宴爾新昏，如兄如弟。
>
> 涇以渭濁，湜湜其沚。宴爾新昏，不我屑以。毋逝我梁，毋發我笱。
> 我躬不閱，遑恤我後。
>
> 就其深矣，方之舟之。就其淺矣，泳之游之。何有何亡？黽勉求之。
> 凡民有喪，匍匐救之。
>
> 不我能慉，反以我為讎。既阻我德，賈用不售。昔育恐育鞫，及爾
> 顛覆。既生既育，比予于毒。
>
> 我有旨蓄，亦以御冬。宴爾新昏，以我御窮。有洸有潰，既詒我肄。
> 不念昔者，伊余來墍。

龍評：

> 首章是反題正敘法，先伏下一怒字，次章接入本位，點出新昏說。
> 一如兄如弟，似贊似羨，其苦難言。三章說到我躬不閱，遑恤我後，
> 似可收局，若如此便了，亦是好詩。乃第四章又重述昔者一番，治
> 家睦鄰，可怒處種種說不盡的情事，應當如何同心至死？五章陡接
> 不我能慉兩句，突出一仇字，又迸出一毒字。末章又再足御冬二句，
> 蓄極而流，然後接出有洸有潰，回應首章怒字，末以不念二句作結，
> 彌覺可痛。通體詞理從容，如泣如訴，後來惟白傅〈琵琶〉諸作，
> 得此神理。〔註67〕

〔註67〕龍起濤：《毛詩補正》，頁188。

此詩為棄婦自作，描寫自己為夫所棄之悲憤心情。龍起濤認為首章「不宜有怒」即伏下怒字，直到第六章「有洸有潰」才回應首章「怒」字。透過龍起濤之評語，讀者可知此詩之重心為怒，雖痛恨其夫負心，卻言「不宜有怒」，直到最後才表現憤怒之貌，可見棄婦情緒；而首、末章呼應「怒」字，更見文章之完整性。

〈小雅·雨無正〉

> 浩浩昊天，不駿其德。降喪饑饉，斬伐四國。旻天疾威，弗慮弗圖。
>
> 舍彼有罪，既伏其辜；若此無罪，淪胥以鋪。
>
> 周宗既滅，靡所止戾。正大夫離居，莫知我勩。三事大夫，莫肯夙夜；邦君諸侯，莫肯朝夕。庶曰式臧，覆出為惡。
>
> 如何昊天，辟言不信？如彼行邁，則靡所臻。凡百君子，各敬爾身。胡不相畏？不畏于天！
>
> 戎成不退，饑成不遂。曾我暬御，憯憯日瘁。凡百君子，莫肯用訊；聽言則答，譖言則退。
>
> 哀哉不能言！匪舌是出，維躬是瘁。哿矣能言，巧言如流，俾躬處休。
>
> 維曰於仕，孔棘且殆。云不可使，得罪于天子；亦云可使，怨及朋友。
>
> 謂爾遷于王都，曰：「予未有室家。」鼠思泣血，無言不疾。昔爾出居，誰從作爾室？

龍評：

> 戎成饑成自是全詩關鍵，末章與二章相應，首章則總冒也。五、六章是說言者，三章是說聽言者亦相應，文自沉痛。〔註68〕

此詩乃東遷後傷時之作，詩人的沉痛心情與情感，真誠流露。龍起濤認為末章言遷王都卻反而無家，與二章周宗既滅相呼應，以呼應手法，凸顯國滅家亡的主題，亦加深詩人之沉痛心情。

〈大雅·雲漢〉

> 倬彼雲漢，昭回于天。王曰：「於乎！何辜今之人？天降喪亂，饑饉薦臻。靡神不舉，靡愛斯牲。圭璧既卒，寧莫我聽？」
>
> 旱既大甚，蘊隆蟲蟲。不殄禋祀，自郊徂宮。上下奠瘞，靡神不宗。

〔註68〕龍起濤：《毛詩補正》，頁988。

后稷不克，上帝不臨。耗斁下土，寧丁我躬！

旱既大甚，則不可推。兢兢業業，如霆如雷。周餘黎民，靡有孑遺。

昊天上帝，則不我遺。胡不相畏？先祖于摧。

旱既大甚，則不可沮。赫赫炎炎，云我無所。大命近止，靡瞻靡顧。

群公先正，則不我助。父母先祖，胡寧忍予？

旱既大甚，滌滌山川。旱魃為虐，如惔如焚。我心憚暑，憂心如熏。

群公先正，則不我聞。昊天上帝，寧俾我遯？

旱既大甚，黽勉畏去。胡寧瘨我以旱？憯不知其故。祈年孔夙，方

社不莫。昊天上帝，則不我虞。敬恭明神，宜無悔怒。

旱既大甚，散無友紀。鞫哉庶正，疚哉冢宰。趣馬師氏，膳夫左右。

靡人不周，無不能止。瞻卬昊天，云如何里？

瞻卬昊天，有嘒其星。大夫君子，昭假無贏。大命近止，無棄爾成。

何求為我，以戾庶正？瞻卬昊天，曷惠其寧？

龍評：

起首二句點染旱景，王曰以下太息而入，一氣到底，傳出恐懼憂怖

之神。中間蘊隆蟲蟲、滌滌山川、如惔如焚、赫赫炎炎等句，刻畫

最工。上及昊天上帝，旁及大夫君子，下及下土黎民；親則有后稷，

怪則有旱魃，地則有方社，物則有圭璧，四面八方，相為烘染。末

以有嘒其星回應雲漢，結構尤為完密。〔註69〕

此為憂旱之詩，開頭以浩瀚銀河說起，接著描述旱災情形與詩人之憂，最後
又回到滿天星辰，祈求上天免於災難。龍起濤認為此詩末以有嘒其星回應雲
漢，由雲漢始而以星辰終，頭尾呼應而使此詩結構完密，可見呼應在文章寫
作使用上的效果。

此類評語其他如：

〈小雅・小明〉龍評：「通篇以逆爭奇開首，未言何事便呼籲而入，此一
逆也。然後從我字敘入，既經敘入卻不說起身之時，卻說今是二月初吉，寒
暑一周。然後下二章接出昔我往矣，由今追昔，此又一逆也。方除方奧在二
月之末，蓋周之二月，夏之十二月也。……顧念君子真是天上人，只恐君子
亦常常如此不得耳。末二章正襟而談，令人肅然起敬。結尾兩個神聽，恰好

〔註69〕龍起濤：《毛詩補正》，頁1436。

與篇首相應。」〔註70〕

〈周頌·昊天有成命〉龍評：「兩命字相應，兩之字亦相應。」〔註71〕

〈商頌·玄鳥〉龍評：「首節導河積石，首二句亦莊重亦神奇，第三句忽用五字句，此昌黎所謂橫空盤硬語也。第四句復用重筆，以湯是開創之主與契並重，故不得用輕筆也。次節落到武丁孫子，纔是正位。三、四節發揮武丁處，儼然武湯復生，一則曰正域四方，一則曰肇域四海，陳氏謂『美中興之君同於開創，《詩》所以為善頌也』，而一切豐功駿烈，效法乃祖處，總盡於武王靡不勝一句之中，直是一語抵人千百。結束從景員維河，回映宅殷土芒芒，以受命咸宜回應章首兩命字，結構謹嚴，語無浮夸。」〔註72〕

透過龍起濤的評語，可讓讀者了解《詩經》回應之章法，文章頭尾相互回應（呼應），除可凸顯主題外，更可見文章的完整性與結構之嚴謹，更加認識《詩經》的寫作藝術。

三、次第

龍起濤論章法提及次第，此次第乃一層寫過一層，由遠而近，亦有其順序。如：

〈小雅·采菽〉

采菽采菽，筐之筥之。君子來朝，何錫予之？雖無予之，路車乘馬；又何予之，玄袞及黼。

觱沸檻泉，言采其芹。君子來朝，言觀其旂。其旂淠淠，鸞聲嘒嘒。載驂載駟，君子所屆。

赤芾在股，邪幅在下。彼交匪紓，天子所予。樂只君子，天子命之；樂只君子，福祿申之。

維柞之枝，其葉蓬蓬。樂只君子，殿天子之邦；樂只君子，萬福攸同。平平左右，亦是率從。

汎汎楊舟，紼纚維之。樂只君子，天子葵之；樂只君子，福祿膍之。優哉游哉，亦是戾矣。

龍評：

〔註70〕龍起濤：《毛詩補正》，頁 1075。

〔註71〕龍起濤：《毛詩補正》，頁 1534。

〔註72〕龍起濤：《毛詩補正》，頁 1700～1701。

首章於來朝後，接用一波三折之筆，傳出有加無己神情。次章說來
朝由遠而近，初見旂、次聞聲、次見馬，次第如畫。三章赤芾邪幅，
親見其人，遒由上章接下，一路敘來，以匪紓二字作斷語，此兩字
是用意語。第四章說出殷天子之邦，更帶到左右率從，自是連帥威
望，方能當得。末章纏維，則是將去作挽留之詞。篇中頻頻提出天
子，分明他人口氣，以為天子答〈魚藻〉者非也。通篇神氣在匪紓
一句，結末反掉一筆，見得優游便是獲戻，不必其在大也。〔註73〕

龍起濤認為此詩自首章便分三層寫來，首寫諸侯來朝，後說來朝由遠而近，
次第分明。又初見旂、次聞聲，以感官的次第寫來，讓人感受畫面的生動。透
過龍起濤的評語，讀者可以體會此詩所傳達的空間推移與感官的感受，著實
讓人見識詩人作詩時的巧思與用心。

〈小雅‧楚茨〉

楚楚者茨，言抽其棘。自昔何為？我蓺黍稷。我黍與與，我稷翼翼。
我倉既盈，我庾維億。以為酒食，以享以祀，以妥以侑，以介景福。
濟濟蹌蹌，絜爾牛羊，以往烝嘗。或剝或亨，或肆或將。祝祭于祊，
祀事孔明。先祖是皇，神保是饗。孝孫有慶，報以介福，萬壽無疆。
執爨踖踖，為俎孔碩，或燔或炙。君婦莫莫，為豆孔庶。為賓為客，
獻酬交錯。禮儀卒度，笑語卒獲。神保是格，報以介福，萬壽攸酢。
我孔熯矣，式禮莫愆。工祝致告，徂賚孝孫。苾芬孝祀，神嗜飲食。
卜爾百福，如幾如式。既齊既稷，既匡既勅。永錫爾極，時萬時億。
禮儀既備，鍾鼓既戒。孝孫徂位，工祝致告。神具醉止，皇尸載起。
鼓鐘送尸，神保聿歸。諸宰君婦，廢徹不遲。諸父兄弟，備言燕私。
樂具入奏，以綏後祿。爾殽既將，莫怨具慶。既醉既飽，小大稽首。
神嗜飲食，使君壽考。孔惠孔時，維其盡之。子子孫孫，勿替引之。

龍評：

全篇篇法以祭祀為主，其章法具有次第，其句法、字法亦俱不苟。
首章以黍稷為主，推尋原本，從楚茨說來，自昔何為？以下連用五
我字、六以字，一氣貫注，勢流走而句仍蒼堅。次章以牛羊為主，
連用四或字，見得執事者各執其事，為蹌蹌濟濟作注腳也。三章前
半言俎、豆，後半言獻酬，二章之剝亨肆將是初祭事，此章之為俎、

〔註73〕龍起濤：《毛詩補正》，頁1160。

為豆是正祭事，笑語是三獻已後事，四章則全述嘏詞也。五章送神

徹饌，末句帶燕私為下章作聯絡法。末章言燕私之事，借諸父兄弟

慶詞為全篇作結。〔註74〕

此詩描寫祭祀的過程，從祭祀前的準備寫到祭祀後的宴饗，展現了周代祭祀儀式與態度。龍起濤認為此詩以祭祀為主，章法具有次第。首章由楚茨寫來，描述祭祀前的準備。次章以牛羊為主，描寫參祭人忙碌的狀態。三章寫祭祀禮儀，四章則全為嘏詞，為正祭祝官祈禱。五、六章則是送神與祭後饗宴。全詩層次分明，對祭祀一事描寫井然有序，徹底展現周代祭祀儀式。

透過次第的書寫，可展現文章之深淺遠近，使描寫井然有序、具有層次，凸顯文章之主題。

四、反題正作

所謂的反題正作，是指寫作中所給的材料或題目，應該表達反面的意見，但在寫作中卻獨闢蹊徑，從正面的方向考慮問題、分析問題。如：

〈大雅・抑〉

抑抑威儀，維德之隅。人亦有言：「靡哲不愚。」庶人之愚，亦職維

疾，哲人之愚，亦維斯戾。

無競維人，四方其訓之。有覺德行，四國順之。訏謨定命，遠猶辰

告。敬慎威儀，維民之則。

其在于今，興迷亂于政。顛覆厥德，荒湛于酒，女雖湛樂從。弗念

厥紹，罔敷求先王，克共明刑。

肆皇天弗尚，如彼泉流，無淪胥以亡。夙興夜寐，灑埽庭內，維民

之章。脩爾車馬，弓矢戎兵。用戒戎作，用遏蠻方。

質爾人民，謹爾侯度，用戒不虞。慎爾出話，敬爾威儀，無不柔嘉。

白圭之玷，尚可磨也。斯言之玷，不可為也。

無易由言，無曰苟矣，莫捫朕舌，言不可逝矣。無言不讎，無德不

報。惠于朋友，庶民小子。子孫繩繩，萬民靡不承。

視爾友君子，輯柔爾顏，不遐有愆。相在爾室，尚不愧于屋漏。無

曰：「不顯，莫予云覯。」神之格思，不可度思，矧可射思？

辟爾為德，俾臧俾嘉。淑慎爾止，不愆于儀。不僭不賊，鮮不為則。

〔註74〕龍起濤：《毛詩補正》，頁 1092～1093。

投我以桃，報之以李。彼童而角，實虹小子。

荏染柔木，言緡之絲。溫溫恭人，維德之基。其維哲人，告之話言，
順德之行。其維愚人，覆謂我僭，民各有心。

於乎小子！未知臧否。匪手攜之，言示之事。匪面命之，言提其耳。
借曰未知，亦既抱子。民之靡盈，誰夙知而莫成？

昊天孔昭，我生靡樂。視爾夢夢，我心慘慘。誨爾諄諄，聽我藐藐。
匪用為教，覆用為虐。借曰未知，亦聿既耄。

於乎小子！告爾舊止。聽用我謀，庶無大悔。天方艱難，曰喪厥國。
取譬不遠，昊天不忒。回遹其德，俾民大棘。

龍評：

> 通篇以威儀作主，威儀即德也。首章首二句是總籠，下八章後六句
> 是預籠末三章，蓋前八章告以威儀，末三章則繪出愚人不聽忠言之
> 狀。次章訏謨、遠猷是絕大威儀，時文家反題正作也，特用敬慎威
> 儀二句束住。三章其在於今接入本位，四章用肆字接下折到自己，
> 從夙興夜寐鋪排一遍，皆德也，皆威儀也。五章從行說到言，用威
> 儀橫擔在中以言，亦威儀也，至六章終之。七章將威儀分微顯看，
> 友君子顯也，在爾室微也，輯柔爾顏固為威儀，不愧屋漏饒有火滅
> 修容之意，尤威儀之精者也。八章從威儀說到感應，九章溫溫二句，
> 回應首章首二句，後六句回應首章哲人，愚人即開下三章，下三章
> 即發揮此六句之意，以回遹其德終之。回遹即威儀，反對俾民大棘，
> 即所云四海困窮也。通篇危言，至論經國大業，不朽盛事具在其中，
> 朱子以為聖賢之徒信哉。〔註75〕

此詩為衛武公作之以誡王，龍起濤認為此詩章法為反題正作，全詩不以反面
不聽忠言起頭，而以正面威儀出發，由威儀論起，讓人見得威儀的力量。而
威儀即德，由此凸顯德行之重要，由正面出發，更能達到告誡之力，讓人印
象深刻。

〔註75〕龍起濤：《毛詩補正》，頁 1407～1408。

第六章 《毛詩補正》之評語探討（下）

本章承續上章，在常用評語、評點字詞與評點章法後，繼續探討《毛詩補正》在評點修辭、評點精神、評語方式等方面的內容表現。

第一節　評點修辭

《詩經》的文學藝術不只表現在章法寫作上，在修辭方面亦有成就。《詩經》的修辭手法為賦、比、興三類，但修辭學對修辭方法的分類極為精細，舉其要者有：譬喻、映襯、摹寫、設問、感嘆、類疊、層遞、誇飾等等，本節所討論之修辭方法係依現今修辭學之分類，提供讀者對《詩經》修辭藝術更多體會思考，以下舉例說明之：

一、譬喻

所謂譬喻是指在語文中，用彼物比此物的一種修辭技巧。譬喻又分明喻、隱喻、略喻、借喻、詳喻等。凡是在語文中，具備喻體、喻詞、喻依的譬喻修辭技巧，叫做明喻，又叫顯比。具備喻體、喻依，而喻詞由準繫詞（是）代替的譬喻修辭技巧，叫做隱喻，又叫暗喻、隱比。而省略喻詞，僅有喻體、喻依的譬喻修辭技巧，叫做略喻。將喻體、喻詞省略，僅剩下喻依的譬喻修辭技巧，叫做借喻。具備喻體、喻詞、喻依、喻旨的譬喻修辭技巧，

叫做詳喻。〔註1〕

〈小雅・都人士〉

　　彼都人士，狐裘黃黃。其容不改，出言有章。行歸于周，萬民所望。
　　彼都人士，臺笠緇撮。彼君子女，綢直如髮。我不見兮，我心不說。
　　彼都人士，充耳琇實。彼君子女，謂之尹吉。我不見兮，我心苑結。
　　彼都人士，垂帶而厲。彼君子女，卷髮如蠆。我不見兮，言從之邁。
　　匪伊垂之，帶則有餘。匪伊卷之，髮則有旟。我不見兮，云何盱矣。

龍評：

　　朱子以綢直為言髮美，一如字如何下得？自是誤解。但綢直竟是何
物？予謂綢直當是柔直耳，大雅申伯之德，柔惠且直，亦是言德。
婦人之德，尚柔順直，雖美德不柔則徑直矣，柔、綢聲近，故言綢
直。然綢直而曰如髮，亦是奇喻，古未有以毛髮喻德者，予於《詩》
得一焉。大雅之德猶如毛，及此是也。此章如髮，下章如蠆，兩喻
皆創闢。蠆是毒蟲而取以喻美人之容，為今人所萬不肯用，然今人
猶有心細如髮之喻，用蠆字則絕無矣，吾謂終不若蝤首蛾眉之秀絕
也。〔註2〕

第二章「綢直如髮」，朱熹認為綢直言髮美，龍起濤則認為綢直前有一如字，則綢直當為喻婦人之德，言其德尚柔順直，將「綢直如髮」帶入另一意境。第四章「卷髮如蠆」，龍起濤認為以毒蟲喻女子之容，與「綢直如髮」同為奇喻，今人定是不肯以蠆喻容。通過龍起濤評語，讓我們思索譬喻修辭之特徵，並非取其全體，如此句只取蠆之尾態，用以比喻女子髮尾飄揚狀，可見《詩經》修辭之奇特與創新。

　　〈小雅・巷伯〉，第一章與第二章「萋兮斐兮，成是貝錦。彼譖人者，亦已大甚。哆兮侈兮，成是南箕。彼譖人者，誰適與謀？」龍評：「起二章兩譬喻，造語精工，創所未有。」〔註3〕一章與二章以譬喻寫起，喻謠言披著一層美麗外衣，而張嘴即可形成箕星，喻造謠者像箕星張大嘴巴，話隨之而出，兩譬喻精準描繪出謠言與造謠者之形象，故龍起濤認為「造語精工，創所未有。」

〔註1〕蔡宗陽：《文法與修辭》（台北：三民書局，2001年1月），頁11～15。
〔註2〕龍起濤：《毛詩補正》，頁1179。
〔註3〕龍起濤：《毛詩補正》，頁1035。

二、映襯

映襯又稱為「襯托」、「烘托」、「對比」、「對襯」等，映襯是指在語文中，把兩種不同，特別是相反觀念或事實，貫串或對列起來，兩相比較、襯托，使語氣增強、意義明顯的修辭技巧。映襯又可略分為對襯、雙襯與反襯三類，對襯是將兩種不同的人、事、物放在一起，加以對比、烘托、形容、描寫的修辭技巧。雙襯是把同一個人、事、物的的雙重性質或相對現象放在一起，使之凸顯的修辭技巧。反襯則是對一種事物，對此事物的現象與本質，以相反的語詞加以描寫的修辭技巧。〔註4〕

〈邶風・旄丘〉

　　旄丘之葛兮，何誕之節兮！叔兮伯兮，何多日也？

　　何其處也？必有與也。何其久也？必有以也。

　　狐裘蒙戎，匪車不東。叔兮伯兮，靡所與同。

　　瑣兮尾兮，流離之子。叔兮伯兮，褎如充耳。

龍評：

　　毛以褎為盛服、充耳為盛飾，反襯上蒙戎、流離為對照，亦自入妙。

〔註5〕

此詩龍起濤以為「黎人責衛之詞」〔註6〕，故認為毛亨以褎與充耳為盛服、盛飾，可與蒙戎、流離對照，反襯黎人的喪亡流離，更能凸顯黎國人民的困境。

〈邶風・靜女〉

　　靜女其姝，俟我於城隅。愛而不見，搔首踟躕。

　　靜女其孌，貽我彤管。彤管有煒，說懌女美。

　　自牧歸荑，洵美且異。匪女之為美，美人之貽。

龍評：

　　開手特下一靜字，見得其人不肯作燕婉之求者，與宣姜作對照。

〔註7〕

此詩龍起濤同意《詩序》「刺衛君無道，夫人無德」，認為詩以靜字見女子有所堅持，與宣姜對照，更顯此女之堅貞。透過映襯的技巧，以靜女之堅貞對

〔註4〕黃慶萱：《修辭學》（台北：三民書局，2004年1月），頁409、412～419。
〔註5〕龍起濤：《毛詩補正》，頁195。
〔註6〕龍起濤：《毛詩補正》，頁193。
〔註7〕龍起濤：《毛詩補正》，頁216。

比宣姜,達到諷刺宣姜之效果。

〈周頌·清廟〉

> 於穆清廟,肅雝顯相。濟濟多士,秉文之德。對越在天,駿奔走在
> 廟。不顯不承,無射於人斯。

龍評:

> 此詩只第一句說廟,其餘皆就四面渲染,如顯相如多士,若者對越,
> 若者奔走,裏面卻有一文王端坐不動,是烘雲託月法。〔註8〕

烘雲託月即是從側面渲染以顯示或凸出主體。龍起濤認為此詩開頭提到廟,
之後便從廟以外之處書寫,寫祭祀者秉持著文王之德,並敘祭祀者的神情舉
止,全詩寫來不提及文王,卻反倒凸顯文王、頌揚文王之德。

以上可見,在詩句中使用映襯技巧,能使主題凸顯,加深印象。

三、設問法

在文章敘述中故意採用詢問語氣,以引起對方注意的修辭技巧,又稱「詰
問」、「問答」,而設問又可分為提問、激問與懸問三類。在語文中,為提醒下
文而自問自答的修辭技巧稱為提問。為了激發本意問而不答,答案在問題反
面的修辭技巧稱為激問。懸問則是在作者內心存有疑惑,刻意將之懸示出來
詢問讀者的修辭技巧。〔註9〕

〈齊風·南山〉

> 南山崔崔,雄狐綏綏。魯道有蕩,齊子由歸。既曰歸止,曷又懷止?
> 葛屨五兩,冠緌雙止。魯道有蕩,齊子庸止。既曰庸止,曷又從止?
> 蓺麻如之何?衡從其畝。取妻如之何?必告父母。既曰告止,曷又
> 鞠止?
> 析薪如之何?匪斧不克。取妻如之何?匪媒不得。既曰得止,曷又
> 極止?

龍評曰:

> 不必作陳琳〈討袁紹〉及駱賓王〈討武曌檄〉,祇於篇首露雄狐二字,
> 見得此種人已墮在毛角之倫,痛罵何益?通篇俱用詰問法風之、刺

〔註8〕龍起濤:《毛詩補正》,頁1517。
〔註9〕蔡宗陽:《文法與修辭》,頁48~50。

之，此所以詩人也。〔註10〕

這是一首諷刺齊襄公與魯桓公的詩，龍起濤認為通篇詩人使用詰問，答案不須回答，更顯諷刺。

〈小雅・十月之交〉，第二章「日月告凶，不用其行。四國無政，不用其良。彼月而食，則維其常；此日而食，于何不臧！」龍評：「《詩》曰『于何不臧』，究不明言何者不臧，而設為詰之之詞，則所以警之者轉深矣。」〔註11〕此詩將日食、地震和小人當政聯繫起來〔註12〕，龍起濤認為第二章以詰問問之，有加深警惕意味，以戒幽王。可見設問法若使用得當，能使欲表現之事更加凸顯、放大，使人印象深刻。

〈小雅・雨無正〉，第七章「謂爾遷于王都，曰：『予未有室家』。鼠思泣血，無言不疾。昔爾出居，誰從作爾室？」詩人勸西周離散之臣返回洛邑，對方卻以洛邑沒有家室推拖不願搬遷，於是詩人便以「昔爾出居，誰從作爾室？」反問對方。龍評：「末二句就其說而反詰之，以矛攻盾，明知其疾而必言之者，蓋出於泣血之至誠，而欲進朋友以俾守我王也。」〔註13〕龍起濤認為此乃詰問，透過詰問以其之矛攻其之盾，足見對方自相矛盾。由此可知，設問法若能活用，則可達到很好的諷刺效果。

由龍起濤的評語，可見設問法在行文時可放大主題，讓人印象深刻，在內容上則可達到諷刺的效果。

四、感歎法

感歎又稱「咏嘆」，係指一個人遇到可喜、可怒、可哀、可樂之事物，以表露情感之呼聲，強調內心的驚訝或讚嘆、傷感或痛惜、歡笑或嘲諷、憤怒或鄙斥等等。大致可分為以嘆詞構成的感歎句、以語氣助詞構成的感歎句，以及以嘆詞、語氣助詞構成的感歎句三類。〔註14〕

〈鄭風・羔裘〉

羔裘如濡，洵直且侯。彼其之子，舍命不渝。

羔裘豹飾，孔武有力。彼其之子，邦之司直。

〔註10〕龍起濤：《毛詩補正》，頁471。
〔註11〕龍起濤：《毛詩補正》，頁968。
〔註12〕呂珍玉：《詩經詳析》，頁388。
〔註13〕龍起濤：《毛詩補正》，頁986。
〔註14〕黃慶萱：《修辭學》，頁37、40～43。

羔裘晏兮，三英粲兮。彼其之子，邦之彥兮。

龍評：

此詩及〈清人〉章皆蘊藉有味。〈清人〉章妙在只說到翱翔、逍遙止；

此詩則懸空一彼其之子，一唱三嘆，回環諷詠、甘留舌。本詩人於

所美刺之人往往不直指其人，令人讀之自知。〔註15〕

龍起濤以為此詩「美三良」〔註16〕，認為此詩三章雖美其人卻不明白點出，徒留「彼其之子」一唱三歎，強調其人以達到回環諷詠的效果，增加語言的感染力。

〈周頌・烈文〉

烈文辟公，賜茲祉福。惠我無疆，子孫保之。無封靡于爾邦，維王

其崇之。念茲戎功，繼序其皇之。無競維人，四方其訓之。不顯維

德，百辟其刑之。於乎！前王不忘。

龍評：

此獻賓之詞，若但作錫福等語，則平平常常耳。第二節語意警策，

有恩威並用之妙。章末一句，尤有無限神情，一唱三歎，其聲動

心。〔註17〕

此詩祭周先公之詩，以戒時王也。龍起濤認為「於乎！前王不忘」一唱三歎，其聲動心。此詩運用感歎修辭強化效果，告誡時王不可忘前王以戒之

由龍起濤評語可見，在行文中使用感歎修辭，可加強語言的感染力，在內容上更可抒發情緒，表示驚訝、憤怒、讚嘆等，強化情感效果，引起他人共鳴。

五、類疊

類疊是指同一個字、詞、語、句，或接連、或隔離，重複地使用，以加強語氣，使講話行文具有節奏感的修辭法，又稱為「複疊」、「重疊」、「重言」。類疊可分為疊字、類字、疊句、類句四種。疊字是指字詞連接的類疊，類字是指字詞隔離的類疊，疊句是指語句連接的類疊，類句是指語句隔離的類疊。〔註18〕

〔註15〕龍起濤：《毛詩補正》，頁391。
〔註16〕龍起濤：《毛詩補正》，頁390。
〔註17〕龍起濤：《毛詩補正》，頁1528。
〔註18〕黃慶萱：《修辭學》，頁531～533。

（一）疊字

〈小雅・小旻〉

旻天疾威，敷于下土。謀猶回遹，何日斯沮？謀臧不從，不臧覆用。
我視謀猶，亦孔之邛。

潝潝訿訿，亦孔之哀！謀之其臧，則具是違。謀之不臧，則具是依。
我視謀猶，伊于胡底。

我龜既厭，不我告猶。謀夫孔多，是用不集。發言盈庭，誰敢執其
咎？如匪行邁謀，是用不得于道。

哀哉為猶！匪先民是程，匪大猶是經。維邇言是聽，維邇言是爭。
如彼築室于道謀，是用不潰于成。

國雖靡止，或聖或否。民雖靡膴，或哲或謀，或肅或艾。如彼泉流，
無淪胥以敗。

不敢暴虎，不敢馮河。人知其一，莫知其他。戰戰兢兢，如臨深淵，
如履薄冰。

龍評：

通篇以謀猶回遹句作主，前兩章末均言我視，句法一樣。後四章均
用譬喻煞，而前三章（筆者案：第三章到第五章）各用一譬喻，語
長而氣舒。末章（筆者案：第六章）疊兩如字用兩譬喻，句短而勁，
與前三章稍變。[註19]

龍起濤認為第三章到第六章句末，都使用譬喻結束，讓句子讀來語長氣舒，
但不同的是，第六章使用了疊字「戰戰兢兢」，雖仍以譬喻作結，但已讓章法
改變，與三到五章語長氣舒不同，第六章變為句短而勁。由龍起濤評語可知，
運用修辭可影響句子的語氣，而語氣不同，亦讓人見得章法變化。

〈小雅・巷伯〉

萋兮斐兮，成是貝錦。彼譖人者，亦已大甚。

哆兮侈兮，成是南箕。彼譖人者，誰適與謀？

緝緝翩翩，謀欲譖人。慎爾言也，謂爾不信。

捷捷幡幡，謀欲譖言。豈不爾受？既其女遷。

龍評：

起二章兩譬喻，造語精工，創所未有。次二章是正面，連用八疊字

[註19] 龍起濤：《毛詩補正》，頁996。

極力描寫，下兩句代為叮囑、代為商量妙極。〔註20〕

龍起濤認為第三、四章使用「緝緝翩翩」、「捷捷幡幡」等疊字，僅八字卻精準將造謠者附耳而言、語言瑣碎、口舌伶俐樣態生動表現出來，可見善用疊字可使語氣轉變外，亦可達到狀形狀聲，狀溢目前的描繪之功。

（二）類字

〈鄘風‧桑中〉

爰采唐矣，沬之鄉矣。云誰之思？美孟姜矣。期我乎桑中，要我乎上宮，送我乎淇之上矣。

爰采麥矣，沬之北矣。云誰之思？美孟弋矣。期我乎桑中，要我乎上宮，送我乎淇之上矣。

爰采葑矣，沬之東矣。云誰之思？美孟庸矣。期我乎桑中，要我乎上宮，送我乎淇之上矣。

龍評：

末三句疊三我字，更饒琵琶曼聲。〔註21〕

龍起濤認為〈桑中〉末句疊三我字，更饒琵琶曼聲，頗能從用字重覆與聲情關係審美。末三句疊三我字，期我、邀我、送我，既是約會的三部曲，這三個「我」形成詩之節奏，同型句重覆三次，像琵琶曼聲迴環，悅耳賞心。

由龍起濤評語可見，類疊修辭的使用，在行文上可達到語氣、節奏的變化，而在內容上，則可表現出鮮活的人物形象與情感，凸出特色。

六、層遞

凡要說的有兩個以上的事物，這些事物又有大小輕重等比例，而且比例又有一定秩序，於是說話行文時，依序層層遞進，就叫層遞。〔註22〕

〈周頌‧閔予小子〉

閔予小子，遭家不造，嬛嬛在疚。於乎皇考！永世克孝。念茲皇祖，陟降庭止。維予小子，夙夜敬止。於乎皇王！繼序思不忘。

龍評：

此章以繼序一句作主，分三節。起三句如聞哀痛之聲，中間又分三

〔註20〕龍起濤：《毛詩補正》，頁 1035。

〔註21〕龍起濤：《毛詩補正》，頁 238。

〔註22〕黃慶萱：《修辭學》，頁 481。

層，一皇考、一皇祖、一小子，已為序字伏根。末一節以不忘總結，

將皇考、皇祖，連自己，均包裹於一句之內。〔註23〕

龍起濤認為中間分三層：皇考、皇祖、小子，為序字作伏。可見層遞修辭可營造詩意效果、富有深意，以凸顯主題。

第二節　評點精神

龍起濤的評語除關注字詞、章法、修辭外，亦有對整首詩所呈現的精神加以評論，而此亦是其讀《詩經》的體現，從中可考察他對作者寫作風格的揭示與《詩經》所展現精神的關注，以下論述他在這方面的評點。

一、忠厚

孔子曰：「溫柔敦厚，《詩》教也。」《禮記正義》解釋溫柔敦厚：「溫，謂顏色溫潤；柔，謂情性和柔。《詩》依違諷諫不指切事情，故云『溫柔敦厚，是《詩》教也。』」可見《詩經》對其敘寫對象不直接指出，是其精神所在。龍起濤對詩篇評語則是以忠厚揭示《詩經》溫雅和厚之寫作精神，如：

〈邶風・北風〉

出自北門，憂心殷殷。終窶且貧，莫知我艱。已焉哉！天實為之，謂之何哉！

王事適我，政事一埤益我。我入自外，室人交徧讁我。已焉哉！天實為之，謂之何哉！

王事敦我，政事一埤遺我。我入自外，室人交徧摧我。已焉哉！天實為之，謂之何哉！

龍評：

全章精神在北門一句，觸景生愁不能自己，知其無可奈何而歸之於天，自是風人忠厚。〔註24〕

此詩三章末尾皆嘆天命，龍起濤認為詩人將無可奈何之心歸之於天，見得詩人之厚道。

〈鄭風・山有扶蘇〉

〔註23〕龍起濤：《毛詩補正》，頁 1593。
〔註24〕龍起濤：《毛詩補正》，頁 207。

山有扶蘇，隰有荷華。不見子都，乃見狂且。

山有橋松，隰有游龍，不見子充，乃見狡童。

龍評：

其意甚狠，其筆甚辣，古人以〈巷伯〉為嫉惡，吾謂此乃勝之。然
當之者殊不能堪於詩人忠厚之旨，不無少戾。〔註25〕

龍起濤認為此詩為「傷忽無臣也」〔註26〕，比〈巷伯〉之嫉惡更甚，其直言
「狡童」，似無忠厚之道。

其他例如：

〈陳風・墓門〉龍評：「讀之如聞事後慨嘆之聲。然曰『夫也不良』，仍隱
其名，則風人之忠厚也。」〔註27〕

〈陳風・防有鵲巢〉龍評：「〈墓門〉曰『夫』，此詩曰『誰』，明明有其人
而故隱之，自是風人忠厚。」〔註28〕

〈小雅・節南山〉龍評：「首章即所見起興，詞旨危悚。次章不平是主腦，
末章王心是總結。三章特提大師，作頓重之筆。四章之弗躬弗親是直指病源，
五章之如屆如夷，是教以自懲之道，六章又復提起作大息之筆。以下四章，
章各四句，節短而音愈促，第八章繪出小人情狀最為刻畫。末仍以訛爾心、
畜萬邦結之，尤見忠厚。」〔註29〕

〈周頌・有客〉龍評：「此詩與〈振鷺〉頗相似，彼首節形容一白字，此
則直點明白字，彼末節但說一个無惡無斁，此後二節并傳出一番相愛無已之
神，此客之賢而實主人之忠厚也。」〔註30〕

以上可見龍起濤從詩人寫作態度與內容精神兩方面，體會《詩經》溫柔
敦厚的詩教精神，對傳統詩教有所發揚，讓讀者更理解《詩經》精神。

二、蘊藉

《詩經》對其敘寫對象不直接指出，這種隱隱不說出的態度，龍起濤認
為除可見詩人忠厚外，更讓詩篇蘊藉有味，如：

〔註25〕龍起濤：《毛詩補正》，頁404。
〔註26〕龍起濤：《毛詩補正》，頁403。
〔註27〕龍起濤：《毛詩補正》，頁654。
〔註28〕龍起濤：《毛詩補正》，頁657
〔註29〕龍起濤：《毛詩補正》，頁952。
〔註30〕龍起濤：《毛詩補正》，頁1586。

〈邶風・二子乘舟〉

　　二子乘舟，汎汎其景。願言思子，中心養養。

　　二子乘舟，汎汎其逝。願言思子，不瑕有害。

龍評曰：

　　始憂其見害，繼虞其有害，而終不忍直言其遇害，此風人之蘊藉也。

　　若秦之〈黃鳥〉一直說出，至於臨穴呼天，便當作哭聲讀，此則當

　　作吞聲讀。蓋一則明殉，一則暗殺，悲悼之至，此時無聲勝有聲也。

　　〔註31〕

此詩龍起濤同意《詩序》「思伋、壽也。衛宣公二子爭相為死，國人傷而思之，作是詩也。」知兩人最終將遇害，但不忍直言，而在詩中展現憂心與祝福，故龍起濤認為此詩「風人蘊藉」。又將此詩與〈黃鳥〉相論，認為〈黃鳥〉明白說出秦穆公殉葬一事並臨穴呼天，而此詩不明說出二子將死，在精神的展現上略勝一籌。

〈衛風・河廣〉

　　誰謂河廣？一葦杭之。誰謂宋遠？跂予望之。

　　誰謂河廣？曾不容刀。誰謂宋遠？曾不崇朝。

龍評：

　　河廣，此詩之蘊藉者也。河本廣也，而謂之不廣；宋本遠也，而謂

　　之不遠，既不廣矣、不遠矣，而卒不往？其不往之故不言也，故曰

　　「詩之蘊藉者也」。〔註32〕

龍起濤認為「河廣」為詩之蘊藉者，何也？河廣而謂之不廣、宋遠而謂之不遠，皆與事實不符，詩人雖無法越河到宋，但因思念宋地而言不遠。由此可見詩人對宋地深深的思念，雖不明言河廣、宋遠，但情緒卻已包裹在字裡行間，見得情感層次的深厚，故龍起濤曰「詩之蘊藉者」。

〈鄭風・狡童〉

　　彼狡童兮，不與我言兮。維子之故，使我不能餐兮。

　　彼狡童兮，不與我食兮。維子之故，使我不能息兮。

龍評：

　　此詩極口詈罵而故隱其名，令人百猜不出。此所以為風，若變雅則

〔註31〕龍起濤：《毛詩補正》，頁 221～222。

〔註32〕龍起濤：《毛詩補正》，頁 302。

　　皇父、尹氏、暴公諸人公然揭出，與風異矣，故風尤蘊藉。〔註33〕

龍起濤認為此詩充滿責罵卻隱其名，讓人不知其罵為誰，並認為此詩隱而不言其名，與雅之公然揭出不同，足見風之蘊藉。

三、美刺

　　儒家詩教認為《詩經》有美、有刺，龍起濤身為毛《詩》注者，在觀念上自然認同儒家美刺的詩教觀，他的評點亦諸多揭示詩作之美刺精神，如：

　　〈鄭風・有女同車〉

　　　有女同車，顏如舜華。將翱將翔，佩玉瓊琚。彼美孟姜，洵美且都。

　　　有女同行，顏如舜英。將翱將翔，佩玉將將。彼美孟姜，德音不忘。

　　龍評：

　　　鄭人閔忽之失援，作此詩以極其歆動之意。極言顏色之美、服飾之

　　　盛，又明明點出孟姜，諷刺意自在言外，風之體所以微而婉。〔註34〕

龍起濤認為此詩雖然言顏色之美與服飾之盛，但卻明點出孟姜，則諷刺意自在言外，可見此詩刺意。

　　〈齊風・南山〉

　　　南山崔崔，雄狐綏綏。魯道有蕩，齊子由歸。既曰歸止，曷又懷止？

　　　葛屨五兩，冠緌雙止。魯道有蕩，齊子庸止。既曰庸止，曷又從止？

　　　蓺麻如之何？衡從其畝。取妻如之何？必告父母。既曰告止，曷又

　　　鞠止？

　　　析薪如之何？匪斧不克。取妻如之何？匪媒不得。既曰得止，曷又

　　　極止？

　　龍評：

　　　不必作陳琳〈討袁紹〉及駱賓王〈討武曌檄〉，祇於篇首露雄狐二字，

　　　見得此種人已墮在毛角之倫，痛罵何益？通篇俱用詰問法風之、刺

　　　之，此所以詩人也。〔註35〕

這是一首諷刺齊襄公與魯桓公的詩，龍起濤認為通篇詩人使用詰問，答案不須回答，更顯諷刺。

〔註33〕龍起濤：《毛詩補正》，頁409。
〔註34〕龍起濤：《毛詩補正》，頁401。
〔註35〕龍起濤：《毛詩補正》，頁471。

〈魏風‧葛屨〉

　　糾糾葛屨，可以履霜。摻摻女手，可以縫裳。要之襋之，好人服之。

　　好人提提，宛然左辟，佩其象揥。維是褊心，是以為刺。

龍評：

　　為屨、為裳、為揥，自足、至要、至領，通身看來，均無大雅氣象，

　　猶強命之曰「好人」，寫其醜態。而再呼好人，似譽似諷，似莊似諧，

　　此種刺法，自饒冷趣。〔註36〕

龍起濤認為詩寫「好人」卻全無大雅氣象、寬厚胸懷，明明是寫醜態而曰「好人」，這種諷刺法似譽似諷、似莊似諧，自饒冷趣。何謂冷趣？由屨而裳，無大雅氣象，但詩人故意言其好人，似褒似貶，如今日之黑色幽默。龍起濤從詩人反諷高妙，指出此詩是成功的諷刺詩。

四、教化

　　龍起濤認同《詩經》有美刺功能外，亦覺得讀《詩經》可厚教化、美人倫等等，如：

〈邶風‧凱風〉

　　凱風自南，吹彼棘心。棘心夭夭，母氏劬勞。

　　凱風自南，吹彼棘薪。母氏聖善，我無令人。

　　爰有寒泉，在浚之下。有子七人，母氏勞苦。

　　睍睆黃鳥，載好其音。有子七人，莫慰母心。

龍評：

　　此種詩可以厚教化美人倫，吾欲日日焚香誦之。〔註37〕

龍起濤以為此詩乃「教孝也」〔註38〕，認為此種教孝之詩，可以厚教化美人倫，見得《詩經》之教化功能。

〈小雅‧四牡〉

　　四牡騑騑，周道倭遲。豈不懷歸？王事靡盬，我心傷悲。

　　四牡騑騑，嘽嘽駱馬。豈不懷歸？王事靡盬，不遑啟處。

　　翩翩者鵻，載飛載下，集于苞栩。王事靡盬，不遑將父。

〔註36〕龍起濤：《毛詩補正》，頁504。
〔註37〕龍起濤：《毛詩補正》，頁170～171。
〔註38〕龍起濤：《毛詩補正》，頁169。

翩翩者雛，載飛載止，集于苞杞。王事靡盬，不遑將母。

駕彼四駱，載驟駸駸。豈不懷歸？是用作歌，將母來諗。

龍評：

每章不脫王事，所以教忠，惓懷父母，所以教孝。教忠教孝，所以
譜之於樂，可用之鄉人，可用之邦國也。〔註39〕

龍起濤認為此詩不脫王事，亦言及父母，可見此詩之教忠教孝。而此詩譜之
於樂，可使鄉人、邦國受用，見得《詩經》之教化功能。

〈小雅·瓠葉〉

幡幡瓠葉，采之亨之。君子有酒，酌言嘗之。

有兔斯首，炮之燔之。君子有酒，酌言獻之。

有兔斯首，燔之炙之。君子有酒，酌言酢之。

有兔斯首，燔之炮之。君子有酒，酌言醻之。

龍評：

諺云：「高堂一席酒，農夫半年糧。」誦此安得不以趙孟為君子？奢
侈足以召災，太平既久尤易犯此。儉則可以惜福，可以惜費，不知
當道者，何以不留心及之？〔註40〕

龍起濤以為此詩乃「庶人飲酒知禮也」〔註41〕，認為誦此詩可知儉之重要，
奢侈易招災，庶人尚知依禮而行，何以上位者不留心？見得《詩經》之教化。

值得一提的是，龍起濤在評點《詩經》時，經常揭示婦德的觀念，認為
女子應該賢淑、貞堅，筆者認為其受桐城派影響所致。桐城派對女子婦德要
求之嚴苛，如方苞在〈巖鎮曹氏女婦貞烈傳序〉一文中，頌揚女子守節觀念，
認為守節死義乃光榮也；姚鼐也在〈貞女傳〉、〈孝節陳夫人傳〉中，表達對守
節的贊美，顯示桐城派對女子要求甚高。今觀《毛詩補正》，龍起濤評〈周南·
桃夭〉，以「孝不衰於舅姑，敬不違於夫子，慈不遺於卑幼，義不拂於夫之兄
弟，而後可謂之宜」〔註42〕，揭示女子應有的婦德；評〈邶風·靜女〉時，
又認為女子應「守貞待字，不肯作燕婉之求」〔註43〕，表達其對貞潔的看法，
可見龍起濤在傳統詩教外，受桐城派影響之深。

〔註39〕龍起濤：《毛詩補正》，頁 776。

〔註40〕龍起濤：《毛詩補正》，頁 1203～1204。

〔註41〕龍起濤：《毛詩補正》，頁 1202。

〔註42〕龍起濤：《毛詩補正》，頁 62～63。

〔註43〕龍起濤：《毛詩補正》，頁 216。

　　以上可知，龍起濤對《詩經》詩篇精神呈現的評語主要有四：忠厚、蘊藉、美刺與教化，而此四種《詩經》精神，經常出現於龍氏的評語中，是他常用來表達《詩》之精神的語言。

第三節　評語方式

　　《毛詩補正》多於詩之篇末附上評語，而且常以引言評詩、打通後代文學以及對照《詩經》其他詩篇等方式，以增進瞭解，會通詩義，以下分別論述之。

一、引言評詩

（一）引賀貽孫、徐退山評語

　　《毛詩補正》於詩篇之末多有評語，但除了龍起濤個人之見外，亦有引他人評語，如嚴燦、陸深、呂祖謙、鐘伯敬、萬茂先、尹繼美等人之說，但皆為零星幾則，《毛詩補正》引用最多的評語為賀貽孫《詩觸》和徐退山（筆者案：引用書目不明）的意見。

　　賀貽孫，字子翼，江西永新人，生卒年不詳。九歲能文，稱為神童。時江右社事方盛，賀貽孫與萬茂先、陳士業、徐巨源等結社豫章，並推賀貽孫為領袖。明亡後，隱居不出，順治辛卯（西元 1651 年），學使樊公纘前慕其名，特列貢榜，賀貽孫拒不納。御史笪重光以「博學宏詞」特薦書，賀貽孫愀然曰：「吾逃世而不能逃名，名之累人實甚！」乃剪髮衣緇，結茆深山，無人知其蹤跡。晚年家益落，布衣蔬食，毫無慍色，惟日以著作自娛。賀貽孫著有《易觸》、《詩觸》、《詩筏》、《騷筏》、《史論》及《水田居詩古文集》。〔註44〕

　　《毛詩補正》評語如有賀貽孫《詩觸》之評，於文後加註子翼，因龍起濤引賀貽孫評語龐多，見於全書詩篇，無法一一舉例，僅列幾首如：

　　〈周南・關雎〉，引賀貽孫評語：

> 求之不得四句，乃詩中波瀾，無此四句，則不獨全詩平疊直敘，無
> 復曲折。抑且音節短促，急弦緊調，何以披諸管弦？忽於窈窕淑女，
> 前後四疊之間，插此四句，遂覺滿紙游衍生動矣，此即後人所云「詩

〔註44〕（清）蕭玉春修、李煒纂：《永新縣志》第四冊，收錄於《中國方志叢書・華中地方》第 254 號，頁 1317～1318。

中活句」也。〔註45〕

〈周南・葛覃〉，引賀貽孫評語：

> 首章追敘初夏葛盛，此時尚未刈也，但以黃鳥飛鳴小景點綴，自爾風致溢如。次章方言治葛為衣之事，讀至服之無斁一語，淡樸真至，其味無窮。三章則葛成矣，忽將汗澣歸寧，映帶生情。事愈樸而愈真，詞愈雅而愈厚。〔註46〕

〈周南・卷耳〉，引賀貽孫評語：

> 通篇憑空設想，無端而采、無端而寘、無端而登山、無端而飲酒、無端而馬病、無端而僕痛，皆從懷人二字中生出，此不情不緒之想。所云「陟山者」，猶〈泉水〉所謂「駕言出遊，以寫我憂」耳；所云「酌罍酌觥」，猶〈柏舟〉所謂「微我無酒，以敖以遊」耳，若認作真話，便是癡人說夢。〔註47〕

〈周南・螽斯〉，引賀貽孫評語：

> 此詩鄭以為興，朱以為比，比詩多不說破正意。以子孫屬螽斯，通篇不露后妃，較含蓄有味。〔註48〕

〈周南・芣苢〉，引賀貽孫評語：

> 宜男之草，婦人采之，何為采者？不言其故，作者亦不言其故。但見其婦子閒而無事，比鄰耦而不猜，一團和藹之氣，溢於言外，故《序》云「后妃之美也。」婦人自樂有子，何與於后妃？正在閒冷之中，現出太和景象，如一幅遊春圖，淡淡數筆而已。萬氏曰「此等樂處，婦人不知其妙，全在不知處，知則淺矣。」……此章活繪出一躁躁景象。〔註49〕

徐退山，名與喬，崑山人，生卒年不詳，著有《經史辨體》，囿於資料欠缺，其生平事蹟記載不多。《毛詩補正》雖引徐退山評語，但未註明出自何書，故無法得知。龍起濤引徐退山評語龐多，見於全書詩篇，無法一一舉例，僅列幾首如：

〈周南・關雎〉，引徐退山評語：「此篇淺深層次分明，是指點後人作賦

〔註45〕龍起濤：《毛詩補正》，頁42～43。
〔註46〕龍起濤：《毛詩補正》，頁48。
〔註47〕龍起濤：《毛詩補正》，頁53～54。
〔註48〕龍起濤：《毛詩補正》，頁60。
〔註49〕龍起濤：《毛詩補正》，頁69。

法。」〔註50〕

〈周南・葛覃〉，引徐退山評語：

服之無斁四字，惜勞惜福，俱說不盡。中間以絺綌句作主，未為之先則有黃鳥飛鳴，風景如畫；既為之後，忽設言歸一段，空中構想，無中生有。總因葛字生情，若認作實境，詩趣索然矣。〔註51〕

〈周南・卷耳〉，引徐退山評語：

首章是後世閨思之祖，唐人詩「裊裊城邊柳，青青陌上桑。提籠忘採葉，昨夜夢漁陽」，是從此脫出。其厚薄相去幾許，篇法其妙。〔註52〕

〈周南・樛木〉，引徐退山評語：

三章一節深一節，纍綴也。荒則奄之，紫則奄之，周也綏安也。將則又進焉，成則全矣。〔註53〕

〈周南・螽斯〉，引徐退山評語：

詵詵、薨薨、揖揖，妙有意旨。可思比意不在下三疊字，而在上三疊字，宜字從此見得。只細玩上三疊字，便是寫生妙手。〔註54〕

從龍起濤引用賀子翼、徐退山精彩的評點，可知他對此二人評點審美之欣賞認同，以為可以記錄下來，收入書中，也希望後人讀《詩》學習他們的吟詠玩味精神，深體詩意。

（二）引經書及前人評詩證詩

龍起濤對於經典或前人言論多有涉獵，亦引用於評語之中，使得評語多元而有深度，讓讀者對詩篇有更多層面的認識。如：

〈邶風・式微〉

式微式微，胡不歸？微君之故，胡為乎中露？

式微式微，胡不歸？微君之躬，胡為乎泥中？

龍評：

《左傳》：「榮成伯賦〈式微〉而魯侯乃歸」，《詩》之感人如此。〔註55〕

龍起濤認同《詩序》「黎侯寓於衛，其臣勸以歸」的觀點，並引《左傳》襄公

〔註50〕龍起濤：《毛詩補正》，頁43。
〔註51〕龍起濤：《毛詩補正》，頁48。
〔註52〕龍起濤：《毛詩補正》，頁54。
〔註53〕龍起濤：《毛詩補正》，頁57。
〔註54〕龍起濤：《毛詩補正》，頁60。
〔註55〕龍起濤：《毛詩補正》，頁191。

二十九年榮成伯賦〈式微〉一事證詩。

〈邶風・靜女〉

靜女其姝，俟我於城隅。愛而不見，搔首踟躕。

靜女其孌，貽我彤管。彤管有煒，說懌女美。

自牧歸荑，洵美且異。匪女之為美，美人之貽。

龍評：

開手特地下一靜字，見得其人不肯作燕婉之求者，為宣姜作對照。
次句俟我城隅，是束身自愛，壁立千仞意。俟我為守貞待字，城隅
非有其地，若認真便成痴人說夢。次章義在彤管，末章義在歸荑，
一管一荑，總為靜女襯起身分。然荑常有而彤管之見詠者止此，故
《左氏》曰：「〈靜女〉之三章，取彤管焉？通首是重德輕色。」《韓
詩外傳》以為歌道義，得其旨矣。〔註56〕

龍起濤認同《詩序》「刺衛君無道，夫人無德」觀點，並引《左傳》女史
彤管、《韓詩外傳》以為歌道義，從詩教之觀點印證《詩序》說詩旨義。

《毛詩補正》評語引經書及前人評詩證詩，礙於篇幅無法一一細論，其
他例如：

〈小雅・鹿鳴〉龍評：「首章因飲酒而作樂、而行幣、而乞言，次章之德
音即答語也。前後皆言笙瑟，中間無一語及之，以時方人聲而樂止。王雪山
云：『凡樂作則人語當止，人語則樂當息。』末章則人語既畢而樂復作，亦見
首尾相應之妙。」〔註57〕

〈小雅・伐木〉龍評：「凡《詩》之有益身心學問者最為有用，如此篇甯
適不來四句，佩服之可以通世用。凡事之宜，自盡其心者，此準司馬溫公謂
『得忠恕二字，一生用之不盡』，此類是也。」〔註58〕

〈小雅・湛露〉龍評：「此篇重夜飲，以露字點綴，露以夜降者也。朱公
遷曰：『前二章見親愛之至情，後二章有戒飭之微意。』予謂後二章即從前二
章生出，有前二章之厭厭，始見後二章之令德、令儀。前二見君有遺愛，後二
見臣有餘敬，章法本極分明。」〔註59〕

〔註56〕龍起濤：《毛詩補正》，頁216。
〔註57〕龍起濤：《毛詩補正》，頁773。
〔註58〕龍起濤：《毛詩補正》，頁798。
〔註59〕龍起濤：《毛詩補正》，頁851。

〈小雅・小宛〉龍評：「譚友夏云：『與〈沔水〉同旨而此更詳，至次章、末章可作我友敬矣註腳。』愚謂後世人或教兄弟營窟，或戒兄弟口中祇可飲酒勿談時事，未嘗不因處亂世起見，究竟皆非全身遠害之道。惟此拈定一敬字，直是聖學傳心之要。子夏得之以戒司馬牛，曾子得之以守身，程、朱本之以傳道，豈但處亂世云爾哉？」〔註60〕

　　由上所述，可見《毛詩補正》評語不獨採己見，亦兼收他家之評點，提供更客觀、更多面性的評詩觀點，讓讀者多元理解《詩經》之文學藝術。

二、打通後代文學

　　龍起濤的評語除了引言評詩外，亦將後代文學與《詩經》打通，互相比較詩意、體現詩旨，或考察《詩經》對後代文學之影響等等。其評語能參照後代文學，讓讀者更加體會《詩經》作為文學之源，以及其流情況，舉以下詩篇之評點作為說明：

〈周南・汝墳〉

> 遵彼汝墳，伐其條枚。未見君子，惄如調飢。
> 遵彼汝墳，伐其條肄。既見君子，不我遐棄。
> 魴魚赬尾，王室如燬。雖則如燬，父母孔邇。

龍評：

> 文王之化，行於江、漢而又及於汝，此兩篇之次第，既伐條矣而又
> 伐肄，則役已踰年。此一篇之次第，既見句有柴門鳥雀噪，歸客千
> 里至之意，不我遐棄句有妻孥怪我在，驚定還拭淚之意。〔註61〕

此詩乃描述妻子挽留久役歸來的征夫。龍起濤認為伐條又伐肄，可知已過一年，故「既見君子，不我遐棄」兩句，有杜甫〈羌村〉「柴門鳥雀噪，歸客千里至。妻孥怪我在，驚定還拭淚」之意，展現妻子對征夫歸來的驚喜情緒，讓讀者更能體會思婦的心情。古今作品參照比較，有益於體會詩意。

〈召南・小星〉

> 嘒彼小星，三五在東。肅肅宵征，夙夜在公。寔命不同！
> 嘒彼小星，維參與昴。肅肅宵征，抱衾與裯。寔命不猶！

龍評：

〔註60〕龍起濤：《毛詩補正》，頁 1005～1006。
〔註61〕龍起濤：《毛詩補正》，頁 77。

前四句一氣說來，結末一句勒轉，讀杜子美、白樂天，詩中往往有之。

是歲江南旱，衢州人食人！亦其一也，但此用順彼用逆耳。〔註62〕

龍起濤以為此詩「作於周之盛時，當其衰也三事：大夫、邦君、諸侯無不驕蹇，獨有小臣乃心王室，夙夜在公，而君不知也」〔註63〕，可見龍起濤認為此詩有諷刺上位者之意，故其評此詩時與白居易〈輕肥〉相論。依照龍起濤評語，兩首詩皆有諷刺上位權貴者之驕蹇，而〈輕肥〉以人食人來對比，此詩則由景寫到情，故曰「此用順彼用逆耳」，龍起濤將兩詩參照，見異代詩人寫作方法有不謀而合者。

〈邶風・谷風〉

習習谷風，以陰以雨。黽勉同心，不宜有怒。采葑采菲，無以下體？
德音莫違，及爾同死。

行道遲遲，中心有違。不遠伊邇，薄送我畿。誰謂荼苦？其甘如薺。
宴爾新昏，如兄如弟。

涇以渭濁，湜湜其沚。宴爾新昏，不我屑以。毋逝我梁，毋發我笱。
我躬不閱，遑恤我後。

就其深矣，方之舟之。就其淺矣，泳之游之。何有何亡？黽勉求之。
凡民有喪，匍匐救之。

不我能慉，反以我為讎。既阻我德，賈用不售。昔育恐育鞠，及爾
顛覆。既生既育，比予于毒。

我有旨蓄，亦以御冬。宴爾新昏，以我御窮。有洸有潰，既詒我肄。
不念昔者，伊余來墍。

龍評：

首章是反題正敘法，先伏下一怒字，次章接入本位，點出新昏說。
一如兄如弟，似贊似羨，其苦難言。三章說到我躬不閱，遑恤我後，
似可收局，若如此便了，亦是好詩。乃第四章又重述昔者一番，治
家睦鄰，可怒處種種說不盡的情事，應當如何同心至死？五章陡接
不我能慉兩句，突出一仇字，又逆出一毒字。末章又再足御冬二句，
蓄極而流，然後接出有洸有潰，回應首章怒字，末以不念二句作結，
彌覺可痛。通體詞理從容，如泣如訴，後來惟白傅〈琵琶〉諸作，

〔註62〕龍起濤：《毛詩補正》，頁119。
〔註63〕龍起濤：《毛詩補正》，頁115。

得此神理。〔註64〕

此詩為棄婦自作，描寫自己為夫所棄之悲憤心情，而白居易〈琵琶行〉雖然是描寫被人拋棄之歌女的心情，但實際上亦是白居易遭貶謫的心情寫照。〈琵琶行〉透過歌女而感歎自身，龍起濤認為〈琵琶行〉得到〈谷風〉的精神，將情緒透過詞理從容傳達出來。

〈唐風・無衣〉

> 豈曰無衣七兮？不如子之衣，安且吉兮！
>
> 豈曰無衣六兮？不如子之衣，安且燠兮！

龍評：

> 有一種傲睨氣象，他何嘗著一周天子在其中眼中？戰罷玉龍三百
>
> 萬，敗鱗殘甲滿天飛，咄咄似之。〔註65〕

龍起濤認為此詩乃描寫「武公始受命為侯也」〔註66〕，全詩不露周天子，以為天子之命服，我豈無法自製？但不如長安本色而已，見其傲睨氣象。如同宋朝詩人張元〈雪〉，「戰罷玉龍三百萬，敗鱗殘甲滿天飛」，寫雪卻不露一雪字，將滿天白雪比作戰敗玉龍所落下的敗鱗殘甲，氣勢恢宏，頗與〈無衣〉之傲睨氣象寫法相似。

〈秦風・小戎〉

> 小戎俴收，五楘梁輈，游環脅驅，陰靷鋈續。文茵暢轂，駕我騏馵。
>
> 言念君子，溫其如玉。在其板屋，亂我心曲。
>
> 四牡孔阜，六轡在手。騏駵是中，騧驪是驂。龍盾之合，鋈以觼軜。
>
> 言念君子，溫其在邑。方何為期？胡然我念之？
>
> 俴駟孔群，厹矛鋈錞，蒙伐有苑，虎韔鏤膺。交韔二弓，竹閉緄縢。
>
> 言念君子，載寢載興。厭厭良人，秩秩德音。

龍評：

> 唐人詩「可憐無定河邊骨，猶是春閨夢裏人。」此詩之良人、君子，
>
> 在邑、在板屋者似之，然不肯作一敗興語，婦人如此，其良人、君子
>
> 可想。較之「何日平胡虜，良人罷遠征」，「誰能將旗鼓，一為取龍城」，

〔註64〕龍起濤：《毛詩補正》，頁188。

〔註65〕龍起濤：《毛詩補正》，頁567。

〔註66〕龍起濤：《毛詩補正》，頁565。

意氣尤道上。然睍睆心目，如或見之，亦流露紙上矣。〔註67〕
此為妻子思念征夫之詩。龍起濤以陳陶〈隴西行〉「可憐無定河邊骨，猶是春閨夢裏人」，來解讀此詩之婦人，足見婦人思夫之情緒，亦可知其夫必定也思念著她，將思念之情表現無遺。又將此詩與李白〈子夜吳歌·秋歌〉「何日平胡虜，良人罷遠征」相比較，認為此詩亦如〈子夜吳歌·秋歌〉所述，妻子也盼望著戰事平定的那天，良人的歸來，只是不寫其征夫已成無定河邊骨這樣敗興的話。龍起濤透過對照唐人征戍詩，以為古今思婦盼歸之情無別。

龍起濤的評語企圖貫串古今，由源探流，找尋《詩經》之河的流向，不僅有益於讀《詩》之參照，吟詠之餘，亦能感受詩人寫作千古輝映。礙於篇幅無法一一細論龍氏打通融匯之評點方式，再略舉幾處評點如下：

〈小雅·出車〉龍評：「憂心悄悄，玩悄悄字有老杜『令嚴夜寂寥』意，特老杜加入中天懸明月五字，一番夜景，尤為悄悄傳神。」〔註68〕

〈小雅·庭燎〉龍評：「一幅早朝圖，有聲有色，敘次如畫。唐人詩『從此君王不早朝』，溯其由來，則雲鬟花顏、芙蓉帳暖以致春宵苦短日高始起。推其終極，則鼙鼓動地，城闕生烟，有不獨見月傷心，聞鈴斷腸者。」〔註69〕

〈周頌·桓〉龍評：「中間有〈大風歌〉求猛士意，第彼為帝王作，故其口氣不同，此為詩人作，故其音平也。」〔註70〕

由上所述，可知龍氏十分肯定《詩經》的文學源頭地位，將它與後代文學相互對照，千古輝映，深入詩人創作世界，以增加讀詩趣味，展現獨到的評論。

三、對照《詩經》其他詩篇

龍起濤的評語亦將《詩經》篇章相互比較討論，以此觀察各篇詩旨或文學寫作技巧，使各篇文學特色更加凸出，亦能彰顯詩之特質與差異。如：

〈召南·鵲巢〉

　　維鵲有巢，維鳩居之。之子于歸，百兩御之。

　　維鵲有巢，維鳩方之。之子于歸，百兩將之。

　　維鵲有巢，維鳩盈之。之子于歸，百兩成之。

〔註67〕龍起濤：《毛詩補正》，頁597。
〔註68〕龍起濤：《毛詩補正》，頁819。
〔註69〕龍起濤：《毛詩補正》，頁900。
〔註70〕龍起濤：《毛詩補正》，頁1626。

龍評：

〈麟趾〉祇言麟，此篇祇言鳩，用一字而全身俱見，古人高妙處。

然〈麟趾〉猶有振振二字作贊詞，此篇只是平平敘去，更不添一

語。〔註71〕

此為嫁女之詩，龍起濤認同《詩序》「夫人之德也」，以為「此詩之鳩即〈關雎〉之鳩也」〔註72〕，故言用鳩字而全身俱見。並與〈麟趾〉相較，認為兩詩之異在於〈麟趾〉有振振作贊語來贊美公族，而〈鵲巢〉則是平平敘去，對夫人之德不加添一語，僅以鳩字表現。龍起濤比較〈鵲巢〉與〈麟趾〉的寫作技巧，凸顯〈鵲巢〉之寫作特色。

〈邶風·二子乘舟〉

二子乘舟，汎汎其景。願言思子，中心養養。

二子乘舟，汎汎其逝。願言思子，不瑕有害。

龍評：

始憂其見害，繼虞其有害，而終不忍直言其遇害，此風人之蘊藉

也。若秦之〈黃鳥〉一直說出，至於臨穴呼天，便當作哭聲讀，

此則當作吞聲讀。蓋一則明殉，一則暗殺，悲悼之至，此時無聲

勝有聲也。〔註73〕

此詩龍起濤同意《詩序》「思伋、壽也。衛宣公二子爭相為死，國人傷而思之，作是詩也」，知兩人最終將遇害，但不忍直言，而在詩中展現憂心與祝福。又將此詩與〈黃鳥〉相論，認為〈黃鳥〉明白說出秦穆公殉葬一事並臨穴呼天，而此詩不明說出二子將死，在情緒的展現上略勝一籌。龍起濤比較〈二子乘舟〉與〈黃鳥〉在情緒的展現技巧上，似乎較為肯定〈二子乘舟〉。

〈鄭風·丰〉

子之丰兮，俟我乎巷兮，悔予不送兮。

子之昌兮，俟我乎堂兮，悔予不將兮。

衣錦褧衣，裳錦褧裳。叔兮伯兮，駕予與行。

裳錦褧裳，衣錦褧衣。叔兮伯兮，駕予與歸。

龍評：

〔註71〕龍起濤：《毛詩補正》，頁86。

〔註72〕龍起濤：《毛詩補正》，頁85。

〔註73〕龍起濤：《毛詩補正》，頁221～222。

以兵戎之事讀之，似言昏姻者，然此風人之趣也。若○〔註74〕詩必此詩，則其味索然矣。前二章以悔字作主，後二章以駕字作主，前二章是懊詞，後二章是勸詞，一懊一勸，似成兩橛。然〈式微〉一章，前半節是問詞，後半節是答詞，合之不見痕跡。此四章前後不脫予字，亦復一線穿去，惟措詞前輕後重，似出兩手。然《詩》中固有此體，此詩緊接陳靈之後，以為變風終於陳靈者，尚非定論也。〔註75〕

龍起濤認為此詩為「鄭人悔不從楚也」〔註76〕，故言前兩章為懊詞，而後二章則是「勸晉戰楚之事」〔註77〕，故言後二章為勸詞，因此才會一懊一勸，似為兩橛。又將此詩與〈式微〉比較，認為〈式微〉前半節「式微式微，胡不歸？」為問詞，後半節「微君之故，胡為乎中露？」為答詞，卻不見痕跡，不像〈丰〉有似成兩橛的問題。龍起濤比較〈丰〉與〈式微〉的寫作技巧，似乎較肯定〈式微〉之寫作技巧，以凸顯兩詩差異。

〈曹風・候人〉

彼候人兮，何戈與祋。彼其之子，三百赤芾。

維鵜在梁，不濡其翼。彼其之子，不稱其服。

維鵜在梁，不濡其咮。彼其之子，不遂其媾。

薈兮蔚兮，南山朝隮。婉兮孌兮，季女斯飢。

龍評：

末章隱隱隆隆活繪出南山下有一隱君子，與〈齊風・甫田〉末章活繪出一突而弁之貴公子意境相似。此兩章與上不脫不黏，均有奇峯特起之致。〔註78〕

〈候人〉與〈甫田〉末章皆有「婉兮孌兮」四字，龍起濤認為〈候人〉活繪出一隱君子，而〈甫田〉則活繪出一貴公子，兩詩意境相同。

龍起濤對照《詩經》其他詩篇之評點方式為數不少，礙於篇幅無法一一細論，其他例如：

〈小雅・六月〉龍評：「此與〈小戎〉篇，皆從車馬上極力形容，彼呆而

〔註74〕筆者案：《毛詩補正》書中為缺字。

〔註75〕龍起濤：《毛詩補正》，頁418。

〔註76〕龍起濤：《毛詩補正》，頁414。

〔註77〕龍起濤：《毛詩補正》，頁416。

〔註78〕龍起濤：《毛詩補正》，頁699。

此活，彼偏而此正，有起有結。中間敘次亦復如畫，雖在棲棲中，仍饒整暇氣象，輕裘緩帶，從武功中繪出吉甫一文字。又恐人不悟，更尋出一張仲之孝友以映之，不然戰伐與孝友了不相涉。而結末故意以此句點綴，正為文字出色寫照也。」〔註79〕

〈小雅·白駒〉龍評：「此詩之伊人與〈蒹葭〉之伊人，均在虛無縹緲間，惟其可望而不可即，所以為高。」〔註80〕

〈小雅·桑扈〉龍評：「前兩章第二句用鶯字，工妙無匹。第三章下二句反接警悚，大似〈關雎〉第二章求之不得，一反遂使通篇文勢不平。末章正襟而談，揭出本旨，思柔二字簡鍊。」〔註81〕

〈周頌·有客〉龍評：「此詩與〈振鷺〉頗相似，彼首節形容一白字，此則直點明白字，彼末節但說一个無惡無斁，此後二節并傳出一番相愛無已之神，此客之賢而實主人之忠厚也。」〔註82〕

由上所述，可見《毛詩補正》文學評點全貌，然而《續修四庫全書總目提要》卻對《毛詩補正》評點內容隻字未提，何也？評論《毛詩補正》者為倫明，其為傳統漢學家，自然不會注意《詩經》的文學審美，更遑論《詩經》評點。若是觀看《續修四庫全書總目提要》另一評論人張壽林，其在《論詩六稿》曰：

《三百篇》在文學上的價值，它給與我們以不少的抒情詩的珠寶。同時，它優美的修辭，熱烈的情感，婉妙的音律，使它在中國的文學史上佔有不可磨滅的權威。《三百篇》在中國的抒情詩上，既有它獨俱的風格，而在在潛隱著感人的威力，所以它的影響也極大。漢、魏兩代的詩人，如韋孟的〈諷諫詩〉、東方朔的〈誡子詩〉、唐山夫人的〈安世房中歌〉、傅毅的〈述志〉、曹植的〈元會〉等，無不顯然的是受到了它很大的影響。雖則如前文所論，它的文學光彩曾為儒家崇敬的觀念所掩埋，但是它溫柔敦厚的風格，至今還為一般中國抒情詩人所尊崇。〔註83〕

〔註79〕龍起濤：《毛詩補正》，頁872。
〔註80〕龍起濤：《毛詩補正》，頁918。
〔註81〕龍起濤：《毛詩補正》，頁1124。
〔註82〕龍起濤：《毛詩補正》，頁1586。
〔註83〕張壽林：《論詩六稿》，收錄在林慶彰主編：《民國時期經學叢書》（台中：文听閣圖書公司，2008年7月），第二輯31冊，頁118～119。

由上文可知，張壽林極度肯定《詩經》的文學藝術，認為後世詩人多受其影響，其評鍾惺《批點詩經不分卷》曰：

> 蓋惺本文士，又為竟陵一派之宗主，故其說《詩》，意在品題，與經生說《詩》之抹守門戶，斤斤於名物訓詁者，固自不同。其於經文之旁，加以卷圈，且各附眉批旁注，以摘發字句，標示語脈，雖不脫時文之習，然其間品題玩味，多出新意，不肯剽襲前人。揆之性情，參之義理，頗能平心靜氣，以玩索詩人之旨。〔註84〕

張壽林認為評點雖然不脫時文氣息，然評點可品題玩味，多出新意，亦可玩索詩人之旨，可知張壽林肯定評點的手法；反觀倫明，其評鍾惺《詩經評不分卷》曰：

> 鍾惺評點，是書廢棄一切傳、箋、註，止就《三百篇》正文，略拈數語，或著行間、或列欄上、或括題下，語簡而彌永，大抵本其所撰詩歸之旨，亦說《詩》者別一法門也。〔註85〕

倫明對評點琢磨不多，反倒言此書廢棄一切傳、箋、註，由此可見倫明對《詩經》文學評點的不重視，無怪乎對《毛詩補正》之文學評點隻字未提，希望透過筆者的論述，能使《毛詩補正》評點藝術得以呈現，以補《續修四庫全書總目提要》之不足。

〔註84〕中國科學院圖書館整理：《續修四庫全書總目提要·經部》，頁321。
〔註85〕中國科學院圖書館整理：《續修四庫全書總目提要·經部》，頁321。

結　論

　　經過全文對龍起濤其人及其《毛詩補正》一書的爬梳、探討，謹分別就兩方面提出研究結論：

一、龍起濤其人

　　龍起濤，字仿山，號禹門，江西縣永新人，自號永新龍氏。生於道光十二年壬辰（西元 1832 年）十月初三，卒於光緒二十六年庚子（西元 1900 年）七月初七，得年六十九歲。龍起濤為官克盡職守，政績備受稱揚，加以個性沉默好學，留下《毛詩補正》、《天霞山館文存》、《詩存》、《制義文》、《華容縣志》、《南安紀錄》等文業，是一位可敬的文儒、循吏型人物。

　　龍起濤最初受業老師為李某，後因科舉考試關係而師事王先謙，一見如故，過往遂密。龍起濤為官三十年，皆不出湖南，筆者認為其與葵園弟子或有往來，但因文獻不足，無法深究。又《毛詩補正》一書，多引賀貽孫、尹繼美觀點，賀貽孫乃復社成員，以復興古學、取法唐宋為號召，尹繼美亦私淑桐城派學者，頗知古文義法，筆者認為龍起濤有受他們影響，但因文獻不足，未能作深入探究。而《毛詩補正》闡述《詩序》之義，重視教化，亦兼有訓詁，可見龍起濤為一傳統漢學家。又評詩於傳統詩教外，闡述女子應有的貞潔觀念與婦德教化，可見其受桐城派婦德觀念影響頗深。簡言之，龍起濤為傳統漢學家、桐城派學者，與王先謙友好，或許與葵園弟子有所往來。

二、《毛詩補正》一書

　　對於《毛詩補正》一書之研究，分別從全書體例與內容特色提出研究結論：

（一）全書體例

《毛詩補正》著書目的為「欲掃除一切，推求原本，以存此經真面目」，全書體例如下：

1. 重視《詩譜》

《毛詩補正·凡例》：「《鄭譜》雖存，朱子以其語拙易之，今仍錄冠卷端而附論於其後。」《毛詩補正》於風、雅、頌等卷之開端，先引錄《詩譜》，再提出自己的論點。

2. 尊《序》說詩

《毛詩補正》寫作體例於每首詩均錄有《詩序》，肯定《詩序》價值，論詩多從《詩序》觀點出發。

3. 補正舊注

《毛詩補正·自序》：「舊註簡者補之，悞者正之」，以補正毛《傳》為主，但亦也補正前人之注。

4. 闡發詩旨

《毛詩補正·自序》：「末復總發一篇大旨，必審其世與人以出之，而以詩評發其趣」，重視詩旨的闡發，並以詩評發其趣。

5. 調解聚訟

《毛詩補正·凡例》：「《御纂詩義折中》於漢、宋學無所偏主，實集詩教大成。今於諸儒聚訟者，以《折中》斷之，使刪定之旨如日中天」，對於一些爭論無解的詩篇，以《御纂詩義折中》的觀點定論。

（二）內容特色

在內容部分，《毛詩補正》有三大特點，分別為論詩特色、補正訓解與文學評析，以下提出本文的研究結論。

1. 論詩特色

（1）反對三家《詩》，以《詩序》為正

龍起濤對三家《詩》多持反對態度，雖然〈衛風·有狐〉及〈小雅·四月〉兩篇，以韓《詩》更正下《序》，但仍認同上《序》；又偶有補充韓《詩》觀點，但多作為強化《詩序》之用。

（2）論詩與史、傳相貫通

《毛詩補正·凡例》：「篇末發明大旨，多案時勢以立言，與史、傳相貫

通，一掃經生家迂談，以為論世知人之助」，可知此目的在於掃經生之迂，但往往產生以史說詩，自相矛盾的問題。

（3）論詩必審世與人

龍起濤認為「誦詩讀書貴於論世」，故《毛詩補正・自序》：「末復總發一篇大旨，必審其世與人以出之，而以詩評發其趣」，為達此目的，不惜強加附會，產生說詩無法兼顧詩意、怪異不通的問題。

（4）以《御纂詩義折中》斷諸儒聚訟

《毛詩補正》以《御纂詩義折中》觀點論詩，透露了龍起濤以漢學為中心的思想，是漢學與《詩序》的擁護者。龍起濤論詩態度保守傳統，多以《詩序》為主，鮮少己見，難有突破與創新，是其論詩困境。

2. 補正訓解

《毛詩補正》以補正毛《傳》為主，亦有更正前人之注，但龍起濤並不擅長訓詁考據，其補正訓解多是援引他人之見，甚少有自己的訓解發明，有時還因專業不足，而有失誤，然全書訓解大抵平正。《續修四庫全書總目提要》評《毛詩補正》：「其釋物名，多出臆斷，援引未甚博」，與事實不符。

3. 文學評析

龍起濤於毛《詩》字詞訓解之補正，或偶有幾條說得不錯，但並無太多成就可言；然而他對毛《詩》的文學評點，卻有不錯的表現。他從各種視角評點《詩經》的文學藝術，評點詩篇的用字遣詞，亦關注《詩經》的章法藝術與修辭技巧，展現他個人閱讀《詩經》的體會與鑑賞。通過龍起濤的評語，讀者可以循其指引，欣賞《詩經》的藝術美感，增添讀詩品味。朱守亮《詩經評釋》歸納清朝《詩經》學者為十一類，將《毛詩補正》納入第十類「識其旨歸，品評析論者」，給予龍起濤的《詩經》研究成就這樣的定位，大致上是客觀持平的。

繼晚明評點派之後，歷經清代姚際恆《詩經通論》、牛運震《詩志》、方玉潤《詩經原始》的傑出表現後，龍起濤《毛詩補正》於吟詠玩味詩意，發掘《詩經》文學藝術，亦取得不錯的成績，在詩經學著作中，能堅守毛《詩》學立場，又能在經學的詮釋外，增加一些文學審美的閱讀啟發，平衡經學與文學，其書之價值自是不容否定。《續修四庫全書總目提要》對《毛詩補正》之文學評點隻字未提，評論有失客觀，今冀望透過筆者論述，以補《續修四庫全書總目提要》之不足，還此書之面貌。

　　綜而論之，《毛詩補正》以《詩序》觀點論詩，其保守傳統的態度，在解詩方面難有突破與創新；又考據、訓詁本非龍起濤所長，雖然有心補正毛《詩》，但可惜能力有限，終究只能援引他人之說，缺乏己見，致使《毛詩補正》難以引起他人注意，不過他對《詩經》文學藝術的評論倒是多有可觀之處，在發揚詩人寫作藝術，引導讀者玩味詩意則有一定的貢獻，這是不可抹煞，也是應該被注意的。

參考書目

一、傳統文獻（以時代先後排序）

1. 漢・毛亨注、漢・鄭玄箋，《毛詩鄭箋》，台北：中華書局，1981 年出版。

2. 漢・毛亨傳、漢・鄭玄箋、唐・孔穎達疏，《毛詩正義》，收錄於李學勤主編《十三經註疏整理本》，台北：臺灣古籍出版有限公司，2001 年 10月出版。

3. 漢・班固撰、唐・顏師古注，《漢書》，收錄於楊家駱主編，《新校本漢書集注並附編二種》第二冊，台北：鼎文書局，1991 年 9 月出版。

4. 漢・何休解訓詁、唐・徐彥疏、清・阮元等撰，《春秋公羊傳注疏》，收錄於楊家駱主編，《十三經注疏補正》第十二冊《公羊注疏及補正》，台北：世界書局，1963 年 9 月出版。

5. 漢・許慎撰、清・段玉裁注、民國・王進祥注音，《說文解字注》，台北：頂淵文化公司，2003 年 8 月出版。

6. 宋・朱熹，《詩集傳》，台北：中華書局，1991 年 3 月出版。

7. 宋・呂祖謙，《呂氏家塾讀詩記》，收錄於《景印文淵閣四庫全書・經部・詩類》，臺北市：臺灣商務印書館，1983 年 6 月出版。

8. 明・顧炎武，《日知錄》，台北：明倫出版社，1970 年 10 月出版。

9. 清・紀昀總纂，《四庫全書總目提要》，石家莊：河北人民出版社，2003年 3 月出版。

10. 清・王引之，《經義述聞》，濟南：山東友誼書社，1990 年 9 月出版。

11. 清・馬瑞辰，《毛詩傳箋通釋》，台北：廣文書局，1980 年 8 月出版。

12. 清・陳奐，《詩毛氏傳疏》，台北：臺灣學生書局，1986 年 10 月出版。

13. 清・龍起濤，《毛詩補正》，台北：力行書局，1970 年出版。

14. 清・王先謙，《詩三家義集疏》，台北：明文書局，1988 年 10 月出版。

15. 清・王先謙，《虛受堂文集》，台北：文華出版公司，1966 年 8 月出版。

16. 清・蕭玉春修、李煒纂《永新縣志》第四冊，收錄於《中國方志叢書・華中地方》第 254 號，台北：成文出版社，1989 年出版。

17. 清・孫炳煜等修，張釗纂《華容縣志》，收錄於《中國方志叢書・華中地方》第 303 號台北：成文出版社，1989 年出版。

18. 清・閔爾昌編，《碑傳集補》第二冊，收錄於周駿富輯，《清代傳記叢刊》第 121 冊，台北：明文書局，1986 年出版。

19. 清・劉聲木撰、徐天祥點校，《桐城文學淵源／撰述考》，合肥：黃山書社，1989 年 12 月出版。

20. 清・朱汝珍撰，《詞林輯略》卷九，收錄於周駿富輯，《清代傳記叢刊》第 16 冊，台北：明文書局，1986 年出版。

21. 清・皮錫瑞撰、民國・周予同注釋，《經學歷史》，台北：漢京文化事業有限公司，1983 年 9 月出版。

22. 中國科學院圖書館整理，《續修四庫全書總目提要・經部》，北京：中華書局，1993 年 7 月出版。

二、近人論著（以作者姓氏筆劃排序）

1. 王靜芝，《詩經通釋》，台北：輔仁大學文學院，1991 年 10 月出版。

2. 王俊義、黃愛平著，《清代學術文化史論》，台北：文津出版社，1999 年 11 月出版。

3. 朱守亮，《詩經評釋》，台北：台灣學生書局，1984 年 10 月出版。

4. 朱彭壽編著，朱鰲、宋苓珠整理，《清代人物大事紀年》，北京：北京圖書館出版社，2005 年 2 月出版。

5. 朱孟庭，《清代詩經的文學闡釋》，台北：文津出版社，2007 年出版。

6. 吳宏一，《清代詩學初探》，台北：牧童出版社，1977 年 2 月出版。

7. 李紀祥，《明末清初儒學之發展》，台北：文津出版社，1992 年出版。

8. 汪祚民，《詩經文學闡釋史》（先秦到隋唐），北京：人民出版社，2005 年出版。

9. 呂珍玉，《詩經訓詁研究》，台北：文津出版社，2007 年 3 月出版。

10. 呂珍玉，《詩經詳析》，台北：五南圖書公司，2010 年 11 月出版。

11. 呂珍玉、林增文等著，《詩經章法與寫作藝術》，新北市：Airiti Press 出版社，2011 年出版。

12. 何海燕，《清代詩經學研究》，北京：人民出版社，2011 年 6 月出版。

13. 屈萬里，《詩經詮釋》，台北：聯經出版公司，2006 年 10 月出版。

14. 林葉連，《中國歷代詩經學》，台北：臺灣學生書局，1993 年 3 月出版。

15. 胡樸安，《詩經學》，高雄：啟聖圖書公司，1974 年 9 月出版。

16. 洪湛侯，《詩經學史》，北京：中華書局，2002 年 5 月出版。

17. 侯美珍，《晚明詩經評點之學研究》，台北縣永和市：花木蘭文化出版社，2009 年 3 月出版。

18. 夏傳才，《詩經研究史概要》，台北：萬卷樓圖書公司，1994 年出版。

19. 夏傳才、董治安主編，《詩經要籍提要》，北京：學苑出版社，2003 年出版。

20. 張西堂，《詩經六論》，上海：商務印書館，1957 年 9 月出版。

21. 張壽林，《論詩六稿》，收錄在林慶彰主編，《民國時期經學叢書》第二輯 31 冊，台中：文听閣圖書公司，2008 年 7 月出版。

22. 郭在貽，《訓詁學》，長沙：湖南人民出版社，1986 年出版。

23. 郭紹虞，《中國文學批評史》，台北：文史哲出版社，1990 年出版。

24. 陳居淵，《清代詩歌與王學》，台北：文津出版社，1994 年出版。

25. 陳居淵，《清代朴學與中國文學》，南昌：百花洲文藝出版社，2000 年出版。

26. 傅斯年，《詩經講義稿》，北京：中國人民大學，2004 年出版。

27. 黃慶萱，《修辭學》，台北：三民書局，2004 年 1 月出版。

28. 楊合鳴，《詩經疑難詞語辨析》，武漢：崇文書局，2002 年 5 月出版。

29. 裴普賢，《詩經評註讀本》，台北：三民書局，1985 年 3 月出版。

30. 劉又辛，《通假概說》，四川：巴蜀書社，1988 年 11 月出版。

31. 劉毓慶，《從經學到文學：明代詩經學史》，北京：商務印書館，2001 年

6 月出版。

32. 蔡宗陽，《文法與修辭》，台北：三民書局，2001 年 1 月出版。

33. 戴維，《詩經研究史》，長沙：湖南教育出版社，2001 年出版。

34. 顧頡剛編著，《古史辨》，香港：太平書局，1963 年 1 月出版。

三、研究報告（以作者姓氏筆劃排序）

1. 邱惠芬，〈龍起濤《毛詩補正》研究〉，國科會研究計畫成果報告，參閱 http://irlib.cgust.edu.tw/handle/987654321/323。